100 IDEAs for Secondary Teachers

Gifted and Talented

如何激发学生的天赋和特长

给中学教师的100个创意

［英］约翰·西尼尔
John Senior

中国青年出版社
CHINA YOUTH PRESS
中青文传媒

图书在版编目(CIP)数据

给中学教师的100个创意：如何激发学生的天赋和特长 /（英）西尼尔著；张月佳译.
—北京：中国青年出版社，2015.3
书名原文：100 IDEAS for secondary teachers: gifted and talented
ISBN 978-7-5153-3072-3
Ⅰ.①给… Ⅱ.①西…②张… Ⅲ.①课堂教学—教学法—中学 Ⅳ.①G632.421
中国版本图书馆CIP数据核字（2014）第301301号

给中学教师的 100 个创意：如何激发学生的天赋和特长

作　　者：［英］约翰·西尼尔
译　　者：张月佳
策划编辑：龙彬彬
责任编辑：肖　佳　孙　明
美术编辑：李　甦
出　　版：中国青年出版社
发　　行：北京中青文文化传媒有限公司
电　　话：010-65511270/65516873
公司网址：www.cyb.com.cn
购书网址：zqwts.tmall.com　www.diyijie.com
制　　作：中青文制作中心
印　　刷：北京中科印刷有限公司
版　　次：2015 年 3 月第 1 版
印　　次：2015 年 3 月第 1 次印刷
开　　本：787 × 1092　1/32
字　　数：100 千字
印　　张：7
京权图字：01-2014-3989
书　　号：ISBN 978-7-5153-3072-3
定　　价：29.00 元

目 录

Contents

前言

Foreword

感谢你挑选本书，并愿意展卷一读，希望你能够一直读下去。

天才学生作为一个特殊的群体，其教育的重要性不容忽视。每个学生都有权利得到良好的支持和教育，以充分开发自己的潜能，天才学生也是如此。

无论你的教龄仅有十分钟、十个月还是长达十年，只要与比你聪明数倍的天才学生合作一次，你就会理解一种“视学习如生命”的人生态度。

作为教师，你我并不需要知道所有问题的答案，也不需要提出一针见血的问题，我们只需要做好自己的本职工作，为学生提供相应的支持就足够了。没错，就这么简单。

有些教师以为教育和帮助一群天赋极高的学生是一件高大上的事情，鄙人只能说这类教师根本不懂天才的痛苦。

天才学生不仅很难交到朋友，而且在智力上也无人为伴，高处不胜寒。因为智力超群，天才学生免不了遭受欺负和挑衅，这往往会造成他们身体和心灵上的创伤。他们需要教师给予支持，同时，用我们的知识、经验和理解为他们的成长保驾护航；而我们需要通过他们的洞察力、创造力和天赋来丰满自己的世界。指引这些天才的人生方向，在需要时给予支持，并帮助他们学会学习，这是我们的专属权利。

多年的教学经验告诉我，学生们一定会爱上本书中的活动和创意，如果你已经看罢此书，那就开始行动吧。享受帮助学生成长、成才的过程；享受作为教师和学习伙伴的乐趣；享受成为一名导师、指路人，最重要的是成为一名听众的收获。

最后，当学生以你为榜样，向你看齐时，师生二人就可以高高兴兴地放学了。

约翰·西尼尔

如何使用本书

How to use this book

教师可以充分利用和挖掘本书提供的简单、实用、易行的活动创意，帮助中学阶段的天才学生学习和成长。

每个活动创意都包含下列几部分内容：

- 一个醒目的标题：便于查找及与同事分享。
- 一句老师或学生的话：描述了他们组织或参与活动的经历。
- 一个分步指导：教你如何组织活动。

每个活动创意还包含下列一个或多个附加项：

教学小贴士　教师开展活动方法和注意事项，以及一些其他的建议。

进阶练习　拓展或改进该活动的创意。

锦囊妙计　本书中还附送17个更加有趣且更加独特的点子。

怎样利用本书中的创意取决于你的职业判断、你对于学生需求和兴趣的认识以及你手头的资源。如果你是第一次接触这类材料，可以慢慢阅读和吸收，而本书不仅适用于寻求教学创意的新手教师，也同样能够帮助有着丰富天才学生教学经验的老教师们，选择你感兴趣的创意仔细理解、消化然后应用在你的课堂上吧。

这些活动创意专为中学阶段的天才学生打造，教师可以完整地引用，或摘取创意的一部分进行再创造；同时这些创意也完全可以作为全体学生的学习内容，只不过教师需要根据学生的情况制定不同的评分标准；也作为拓展活动或天才学生俱乐部的素材，其中许多创意都可以用作天才学生长期教学项目使用。我希望你能从阅读中收获快乐，并设计出自己的活动创意。天才学生教学应该是一件愉快的事，你也应该乐在其中。

在组织天才学生俱乐部的时候，我有个小小的建议，就是慎重地给俱乐部起名，毕竟，人们还是很难接受天才学生像其他弱势群体一样需要特殊帮助。无论你想到了什么好的名字，首先要考虑其他人听到这个名字时的感受，以及你想通过这个名字传达给其他教师和学生什么样的信息。

本书分为10个部分，其中偶数部分（第2、4、6、8、10部分）包含了一系列原创的课堂活动创意，能够满足不同层次的学生需要。另外5个部分分别为：

第一部分：入门篇：有益的窍门或创意，为你接下来天才教学打下坚实的基础。

第三部分：定制篇：这一章将教会你在面对不同类型的天才学生时，需要注意的问题。

第五部分：工具箱：如何找到属于自己的天才教学风格的创意。

第七部分：规范篇：建立学校或班级范围的针对天才学生的教学规范。

第九部分：行动篇：帮助你巩固之前积累的经验，也说明你有执行这些规范的信心和能力。

无论你怎样使用这些创意或用在什么场合——希望你能够享受这些活动及它们带来的挑战。

此外，你也可以分享自己如何在课堂上运用这些创意，并了解其他教师是如何使用100个创意系列丛书。

入门篇

Things you need to know

Part 1
第一部分

不要自乱阵脚

每次上讲台前，我都会停下来做个深呼吸。

如果教师在上课或者和学生交谈前感到紧张，可以给自己留出“一秒钟冷静”的时间。通常情况下，回忆让自己充满正能量的画面或人，可以让你迅速冷静下来。

- 也许你是初登讲台，全无基础；也许你已从教多年，经验丰富，无论是前者或后者，第一次和天才学生打交道都会让教师有点束手无措，压力倍增。当然之后你会发现这都是甜蜜的负担。
- 当教师感到紧张或者慌乱时，可以先停下手中的教学任务，做个深呼吸，暗示自己：你很冷静，一定可以胜任天才教师的角色。教师也可以回忆一个能够让自己身心放松的画面、地点、一位好友，或者刚刚陪你一起笑、一起闹的伙伴。总之，教师需要回想一个能让自己平静、放松的瞬间来给自己打气，用这份平静帮助自己重拾信心，轻松应对眼前的挑战。

• 记住，抛开杂念！不要因为领导、同事、父母、监护人（当然顺序不分先后）的期望而乱了阵脚，只要你和天才学生间建立起信任，这些都不是问题。

教学小贴士

不必强迫自己变得神通广大，无所不知，也绝不要不懂装懂，你是一名教师，是一个辅助学生成长的人，更是他们学习的伙伴。你要给学生树立一个冷静理智、有爱好有追求的榜样（当然这是以你自己的兴趣为基础的）。

什么是天才

在学习上，天才学生比大多数学生更敏锐、更聪慧，看问题也更透彻。教师在与天才学生相处时，不要做高高在上的传道授业解惑者，而要做与他们共同学习的伙伴。

明确你对天才的认识，能够帮助你成为一个更专业的教师和学习伙伴。

天才的定义通常包括两层含义：一方面是指在学术方面有潜力的人才，另一方面是指在艺术、设计、音乐、戏剧及体育方面有突出才华的人。

当然不排除一个人同时具备上述两种或者更多的特性。如何定义高能人群绝对是一个难题，而且不论怎么定义都免不了受到争议。

当然也不必专门搞个课题来深入地研究“天才”是什么，你可以咨询同事和朋友，看看他们是怎么定义和看待天才学生的，或者让学生们谈谈他们对天才的认识，最后再请已经被认定为天才的学生如何对“高能人群”做出定义。不同观点的碰撞会给你带来一个全新的视角，从而加深你对天才的认识。

教学小贴士

许多人对天才持保留态度，他们的看法不一定都是正面的，因此有时会造成教师和学生之间的隔阂。作为教师，一定要明白天才不是一个“一刀切”的词，要让那些对天才学生有成见的教师发现、欣赏天才学生的闪光点。

慧眼识才

天才学生的眼里总是闪着智慧的光芒，那正是我所寻找的。

教师在判断一个孩子是不是天才学生时，一定要相信自己的第六感和直觉。

教师应尽量避免只用一种方法辨别天才学生，最好是将几种方法结合起来。例如从学生以前的学习记录入手，包括：

- 自我鉴定。
- 语言或非语言推理测验成绩。
- 清单检查表（参见创意5）。
- 观察学生对拓展活动的反应；使用有区分度的教学规范也不失为一种有趣的辨别方法。
- 有时家长或监护人也会举例证明自己的孩子智力超群。
- 教师推荐：请同事一一列举出他们心目中的天才学生。
- 学生推荐：请学生回答谁的数学

最好、谁最擅长科学、谁的谈判技巧高明或有什么其他的特长——这些事学生要比教师清楚得多。除此之外，也可以请已经被鉴定为天才的学生回答是否还有本应属于天才小组却被遗漏的学生。

- 在测验中表现突出：有的天才学生为了不被发现，刻意隐藏了自己的闪光点，可一旦遇到自己擅长的领域，他们就会展现自己。

教学小贴士

试着列出学校内所有由学生担任的职务清单，包括学生干部、班长、体育班长等，以及其他任何比普通学生承担更多社会责任的岗位。这个清单代表着学生参与校园生活的机会，教师可以试着将天才小组的学生与清单中的职务对号入座，或从中挖掘一些新的岗位——比如学生律师和学生陪审团，这样不仅可以有利于学校的发展，也可以为天才学生创造更多锻炼和开发特殊技能的机会。天才学生擅长的领域各不相同，如高情商等特长通常是无法在核心课程中体现出来的。

遵守职业道德

我并不特殊，只是聪明。

天才学生需要的不是朋友，而是榜样和支柱。

进阶练习

不是所有的教师都接受天才学生的理论，有的教师认为不应对学生区别对待。然而教师的职责就是让每个学生都能得到最大限度、最全面的发展，所以上述看法其实是很有局限性的。你应该与持这种想法的教师沟通，让他们接受天才学生，或者在办公室里找一小块空间每月或定期展示天才学生的作品、摘录关于天才的格言、优秀的教学案例、不同的教学及评价方法、有趣的简报，或者任何关于天才的素材，以赢得他们对天才的认可。

不是所有的教师和管理者都对天才学生关怀有加，有的教师甚至认为天才学生是在挑战他们教学和管理的权威。当然，即使是像你这么喜欢天才学生，并为了培养他们而阅读本书的教师，也难免会对个别学生有所看法，这是人之常情。

但作为一名教师，要经常提醒自己：时刻保持专业性，遵守职业道德。再聪明的学生都不会成为你的威胁。只有保持冷静，以最高的职业标准来要求自己，才能不断提升自己的教学水平。教学的目的是建立一种联系，而非友谊，因此在教师眼里，不应该把某些学生看成天使，另一些看成魔王。只有一视同仁才能在学生心目中树立一个公平、权威的教师形象。

清单检查表

我就是喜欢回答问题。

清单检查表是鉴别天才学生的重要手段。

阅读下列清单，其中的一条或几条是否让你想起了某个学生？

- 思考准确，速度飞快
- 喜欢双关语和文字游戏
- 做事有逻辑
- 有特殊的爱好，做事注意力集中
- 能够运用不同领域的技能来解决问题
- 能够运用已有的知识来解决新问题
- 能够很好地表达自己的想法
- 能够持续地投入一件事
- 能够创造性地表达自己的想法
- 能够与他人产生强烈的共鸣
- 动作敏捷或擅长某项运动
- 能够综合分析，自信地做出判断
- 能够迅速掌握新的想法和信息

教学小贴士

在辨别天才学生时，教师不必与清单中的每条一一对应，符合其中几条就足以说明学生的能力非同一般。因为每个学生擅长的领域不同，教师最好将清单检查表与其他方法结合来进行判断。

- 对某一领域表现出极大的热情
- 词汇量大，表达极其流畅并具有原创性
- 往往略过中间环节直接给出解决问题的答案
- 喜欢思辨或与数据打交道
- 创造性思维，思考速度快

进阶练习

邀请你的学生一起完成清单，看看他们是怎么评价自己并进行佐证的，或者他们对清单有什么看法，是否有遗漏的地方？请他们完善清单以帮助你及同事将来使用。

搞定家长

为什么我的孩子没被选进天才小组?

首先要确认你所在的学校是否有适用于全校的、界定天才学生的明确标准和规范；其次要熟悉这些规范并能够向家长解释清楚。

几乎每位家长都觉得自己的孩子聪明绝顶，要让学校也认可他们的观点，而且家长通常会以孩子是天才为荣。所以作为教师，要熟悉学校内外的活动、俱乐部及其他平台，让学生得到适当的锻炼。教师也要向家长解释：学校慎重地为学生选择适合他们发展的活动，并且让学生从中收获成就感和快乐。要明白学校的目的是为学生提供发展兴趣的机会而不是为家长服务。

即使孩子本人不希望进入天才小组，要说服家长也并非易事。教师要向家长展示校方的规范，以及校规是怎么执行的，同时提供一些学校其他活动的参考，以

教学小贴士

不要因家长的压力而屈服，因为有的家长会把天才孩子当作一种炫耀的资本。作为教师可以倾听并适当考虑家长的某些观点，毕竟他们对孩子更加了解，但前提是有足够的依据。相信自己，你和同事的经验足够让你做出正确的判断。

扩展或丰富他们孩子的校园生活。总而言之，要让规范和执行过程透明化，才能得到家长的认可。此外，教师也可以向学校的特殊教育需求协调官（SENCO）咨询和请教，并与家长沟通解决问题的最佳方法。

履行承诺

每周四晚上教师都会和男朋友出去约会，所以周五早上她总是像吃了火药一样气冲冲的，我们连大气都不敢出。

天才学生在成长的过程中会模仿教师的一举一动，所以你应该为学生树立一个榜样。

教师应时刻谨记自己的使命，不断用心去关注和呵护天才学生，把他们看成一个个生动的存在，而不仅仅是“小明数学好”这样一个简单的标签；但关心有度，教师应把时间平均分给每个同学，而不要对天才学生过度保护，只有这样才能维持一种理想的师生关系。换句话说，学生希望在他们完成你的要求时，你也能够践行自己的承诺。

教师要严格要求自己，如果你要求学生在某一天的某个时间交作业，就一定要履行诺言；而如果你答应学生在某个时间批完作业发给他们，也同样要兑现承诺。言而无信的教师凭什么来要求

锦囊妙计 ★

我强烈建议各位教师请天才学生对自己的教学水平进行评价，这个方法虽然大胆，但一定会让你受益匪浅，学生的观点会帮你迅速提升教学水平。前提是教师要履行对学生的每个承诺。只有这样才能建立起学生对你的信任，而只有当学生对你足够信任时，他们才会畅所欲言，提出真实的、极具价值的观点。

学生呢？教师和学生间的约定对天才学生来说尤其重要，如果你觉得工作量大很难完成，可以向你比较信任的优秀同事取取经，看看他们是如何平衡工作和生活的。

应对自卑

安妮被学校选派参加一个天才学生训练营，在第一天晚上的活动中，她这样介绍自己："我不知道学校为什么会选我，我一点也不聪明。"

千万不要为了表扬而表扬，天才学生一眼就能看穿你的把戏。

自卑的产生受到很多因素的影响，比如基因、外貌、社会经济地位、同伴压力等，而对天才学生来说，"智商有什么用？"这种怀疑，以及强烈的情感孤立，都会成为自卑学生的致命打击。

自卑的人往往对自己要求很严，要靠别人的肯定来实现自我价值，而要克服自卑则是一项艰巨的挑战。自卑绝不是由单一原因导致的，它通常体现在下列一个或多个方面：

- 强烈的自我批评及自我否定倾向
- 对批评过于敏感，并会采取一系列的自我保护行动
- 难以做出决定

教学小贴士

自卑的学生通常会觉得只有在学业和人际交往上努力表现，才能获得他人的肯定。作为学生的重要伙伴，教师要不断给予学生真诚的肯定和鼓励，帮助他们冲破这道心理障碍。

- 非常害怕犯错
- 非常需要别人的肯定
- 很讨厌别人否定自己
- 不断追求完美
- 很强的内疚感
- 悲观地看待自己人生的各个方面

智力测试

这是你想要的问题吗？

智力测试是另一种辨别天才学生的方式。

通过智力测试，教师能够对学生的认知过程有一个大概的了解，包括他们的理解、推理和回忆信息的能力。在教育学中，标准化测试能够为教师提供一个评估学生水平的量化基准。

教学小贴士

任何测试都可能存在文化和语言的障碍，因此智力测试只能作为辨别天才学生的方式之一，而不是全部。

斯坦福-比奈智力量表和韦克斯勒智力量表是两种最广为人知，并被广泛使用的智力测试。斯坦福-比奈智力量表能够测出四个领域的智力水平以及认知潜力的整体水平，其中四个领域分别为：

- 语言推理
- 抽象/视觉推理
- 数理推理
- 短期记忆力

进阶练习

向学校的特殊教育需求协调官（SENCO）咨询什么是智力测试，以及对学生的影响。教师可以试着做一次智力测试，思考一下，这是你想要的问题吗?

韦克斯勒认为智力不是一项独立的才能，而是性格的一部分，因此他重视对目的性行为、理性思考、有效地应对环境等能力的评估，目前常用的韦克斯勒智力量表包括推理及智力态度评估。

有些天才学生的智力测试分数并不高，那是因为越聪明的孩子创造力越强，往往会得到意想不到的答案。

善待自己

我发现大吼能帮助我释放压力，当然不是在学生面前吼。

即使你教的天才学生将来会远远超越你，也不要给自己太大的压力，不如将重心放在提升教学技巧和积累教学经验上，高效地完成教学任务。

做天才学生的老师绝不是和他们竞争、控制他们、轻视他们，或辱骂虐待他们，而是要帮助这些孩子最大限度地开发自己的潜力。你的责任是呵护他们成长，当他们遇到不堪承受生活的压力时给予支持。

如果觉得担任天才学生教师让你感到迷茫，举步维艰，那就要反思是否给自己太大压力、操劳过度、对自己要求过高、缺乏锻炼、睡眠不足等情况。这时，你可以每周花点时间回顾自己的工作和生活，看看工作中都收获了什么，工作外又做了些什么，天才学生教学带给你的压力也许是由其他事情造成的，可以通过

教学小贴士

当你感到孤立无援时，一定要向你信任的人倾诉。别把自己想象成别人的负担，你的朋友肯定愿意倾听你的烦恼，为你排忧解难；你也可以在倾诉的过程中厘清思路，把烦恼说出来你会发现它们并不可怕。

下列问题进行自我诊断：

- 你是否每天给自己留出放松和娱乐的时间？
- 你的情感和专业是否得到满足？
- 你是否在照顾自己的心灵和身体？
- 你是否背负了太多的责任？
- 是否有人给你施压？
- 你在需要帮助时会向他人求助吗？

课堂活动创意 1

Environment ideas 1

Part 2 第二部分

206块骨头

我希望我有一双翅膀。

和天才学生一起讨论开放性的、可以引发思考的问题是一件很有趣的事。

进阶练习

首先让学生思考鸟类的骨骼结构，研究鸟类飞行所需要的体重和翼展比例，由此推断人类如果加上翅膀需要的骨头数量和尺寸。最后还可以将学生的研究结果与宗教油画里天使的翅膀进行对比。

一个成年人有206块骨头，基于这一事实，向学生提出下面两个问题：

1. 在正常的情况下，一个成人最少需要多少块骨头来维持身体的机能？

2. 增加骨头是否会对人有好处？多出来的骨头应该加在哪儿呢？

让学生用硬纸板做一副人体骨架，在上面展示多出的骨头安在什么位置，如何活动？可以将学生制作的骨架和真实的骨架作对比，然后举办一个小型展览会。

教师也可以组织学生谈谈他们感兴趣的超级英雄各有什么特异功能，为什么这些超级英雄的形象能够被人们所接受？

另外补充一点：大腿内的股骨是人体

内最长的骨头，最长可达到19英寸（0.5米）；人体内最短的骨头是镫骨，即中耳的三个骨头中的一块。

锦囊妙计 ★

体重是指重力对物体所做的力。因此，人离地球表面越远，重力的作用也就越小，同时体重也会减少。根据这一事实，可以向学生提问，一个标准体重的人离地球表面多远时他的体重能够减少一公斤?

旧帽盒里的秘密

我在做教师前从来没有收集东西的习惯，现在看到一个废纸箱就忍不住过去翻翻拣拣。

教师在组织活动时，应允许天才学生自由地发挥，鼓励学生给出有趣的、开放性的、富有创造性的答案，让天才学生不断地挑战自己以增强信心，同时培养他们建立批判性分析的能力。

首先，向学生讲述约翰·罗杰·贝尔德[①]的故事，他是一位苏格兰工程师，也是世界上第一台具有实用性、被广泛使用的电视系统的发明者。贝尔德仅仅利用在苏塞克斯[②]郡东部的黑斯廷斯[③]买来的废旧礼帽盒、剪刀、织针、几个自行车灯变焦器、茶叶罐、密封蜡、胶水，再加上几个技术元件就做出了世界上第一台真正的电视机。

① 约翰·罗杰·贝尔德（John Logie Baird），电视的发明者。

② 苏塞克斯（Sussex），英国郡名。

③ 黑斯廷斯（Hastings），英国英格兰东萨塞克斯郡港市，威廉王击败哈罗德二世的战场。

给学生提供任意12个不相关的物品，请他们聊聊自己在日常生活中，乃至世界范围内发现的难题，然后让学生像贝尔德一样，利用你提供的物品做一个小发明。

以互帮互助、共同进步为原则，让学生结伴讨论和评价彼此的发明，相互提出改进的建议。

教学小贴士

教师可以对学生提供指导，但如何把握指导的深度则是一个难题。除了给予基本的创意，或者回答学生对于材料的问题外，教师要控制自己想要引导学生思考的本能，退到幕后，谨慎地提出建议，要让学生对自己的想法更有信心，而不是一味地取悦教师。

推销月亮

斯蒂芬[①]说过：“一个物品的价值，取决于人们愿意用什么来交换。”

高能、天才的学生往往极富幽默感，这通常源于他们对人类行为有更深的理解。研究销售员的语言可以作为天才学生锻炼思维的工具。

房地产经纪的语言也是一门艺术，自成一派。经纪们既要忠于事实，又要说服客户看到房子的卖点，弱化瑕疵和销售中的问题，扬长避短的同时也要符合职业操守。

收集不同类型的房地产经纪销售广告，包括大规模市场销售和高端地产营销，让学生从以下几点思考推销员是如何推销和描述房子的：

- 语言使用是否有一定规律？
- 是否使用了一些关键词来说服客户？

① 斯蒂芬（Stefan），伦敦卡斯商学院经济学家。

- 学生如何评价房地产经纪的语言？

经过了讨论、思考、提问和回答后，让学生想想如果让房地产经纪去推销月球，他们会怎么说？

进阶练习

邀请一位房地产经纪人到学校与天才学生面对面交流，使学生不仅能够学习推销语言，也能够亲眼看到推销员的现场表演。房地产经纪是如何更好地突出房子的特点，成功地将其推销出去的呢？他们怎么注意自己的着装，使之对客户产生影响？如果你请对了人，这将是非常生动有趣的一课。

蜘蛛为什么有八条腿

一个好的点子就像在平静的水面投下一枚石子，能够激起层层涟漪。

有时人们认为最理所当然的问题却可以引出最复杂的讨论、活动和任务；有时一次简单的观察可以激发学生一生的兴趣。

你见过3条腿、7条腿、9条腿的动物吗？哺乳动物、昆虫、甲壳类、鸟类等所有我们可以想到的能够行走的生物基本都是2条腿、4条腿、6条腿或者8条腿。

让学生思考为什么绝大多数可以行走的生物都有偶数条腿。袋鼠用2条腿跳跃，人类用2条腿走路、跑步、游泳，或者像鸭子一样大摇大摆地走路。蜘蛛有很多条腿，通常是8条，这是为什么呢？让学生来回答为什么哺乳动物、鸟类、昆虫或者其他已知的生物里没有3条腿或者7条腿的呢？根据三角形具有稳定性的原则，如果长颈鹿有三条腿不是会站得更稳吗？

教学小贴士

有些学生不会轻易放弃，他们会努力找出3条腿的树懒（脚趾不算），或者29条腿的蝎子来反驳你，遇到这种情况，不要马上指出学生的问题，先要对他们的钻研精神表示肯定。

交换生日

如何让学生理解别人的观点，是天才学生教学中的一个难点。

这个活动的原理很简单，就是偷换概念，让学生在不知不觉中锻炼研究技巧并展现协同思考的能力。

亨利·福特（汽车制造业大亨）、托马斯·索厄尔（经济学家）、阿诺·施瓦辛格（演员及加州州长）、凯西·斯坦格尔（美国棒球运动员）和艾米莉·勃朗特（作家）的生日都是6月30日。

请学生思考艾米莉·勃朗特会设计和制造出什么样的汽车，阿诺·施瓦辛格会以霍沃思[①]为背景写出什么样的小说？

你也可以让学生找出和他们自己同一天生日的5个人，不一定是名人。把五张写有人名的纸放在一起，把另外五张写有其主要成就的纸放在一起。分别打

① 霍沃斯（Haworth），英国英格兰西约克郡基思利市西南部村庄，艾米莉·勃朗特的故乡。

教学小贴士

这个活动能够带来各种各样的结果，既可以轻松一刻，也可以非常严肃。你可以带领学生自由讨论然后自然地收尾；或者更进一步，可以安排一次烹饪课程让学生制作一个罗杰斯勋爵式的蛋糕，我的建议是顺其自然，让学生自由发挥。

乱两摞纸的顺序，先随机抽出一个人名（例如，里奥纳多·达芬奇），再抽出一项成就（例如，连续创作3首美国流行音乐榜首金曲）。

通过这种富有创造性的混搭方式，可以展开更多的讨论，比如，里奥纳多·达芬奇会创作出什么样的流行歌曲？这个活动能够激发学生无限的联想，看似傻气但非常有趣，甚至可以激发出非常有挑战性的想法，如罗杰斯勋爵（建筑家）做的蛋糕和玛丽·贝瑞（甜点师和作家）设计的大楼就是非常有趣的创意。

笑话和地理

我上课从来不讲笑话，如果讲笑话学生不笑岂不是很冷场。

让学生开起玩笑来！试试下面的两个点子，也许可以让学生从一个更轻松有趣的新视角来看待地理。

由于海平面上升，一大片居住用地即将被海水淹没，人们打算填海造陆。请学生思考当这一片新的土地上有人居住时，街头巷尾的人们会讲什么样的笑话？要回答这个问题，学生首先要了解新陆地的地理特点。

特里·普拉切特[①]创造的《碟形世界》里有听不完的笑话。请学生创造一个新的岛屿，岛上的居民只能用笑话和双关语交流。你可以给这个小岛或陆地取一个名字，出版一本小岛笑话集。让学生自己来设计、出版和销售这本笑话

① 特里·普拉切特（1948— ），英国著名幻想小说家。

教学小贴士

幽默是一把“双刃剑”，用不好则会伤人，避免出错的最好办法就是少讲笑话。但是，让孩子们做活动和分享笑话并不是坏事，只是要避免人身攻击。在做活动前让学生了解游戏规范，同时教师也要和学生一样遵守规范，做到始终如一才能让学生信服。

集，最后由孩子们挑选一家慈善机构，将卖书的收益捐给慈善机构。这个想法难度很大，需要一步步地实现，第一步，可以让学生用笑话和双关语来编写一次简单的地理课。

做第一个拥有沙发桌的人

我爱我的魔法书架椅，坐在上面让我感到充满力量。

碎片信息训练有很多形式，如“打乱句子顺序”，或者“缺失的一环”，在不失趣味性的同时，对学生的创造力和解决问题的能力也是一种挑战。

现代的椅子是如何从三角凳演变而来的？诸如此类的家具演变过程很有研究的价值。因为家具的特点是既美观、实用，又能够批量生产，这就需要将实用性、设计性和美学欣赏性融为一体。

让学生挑选两件家具练习素描，在完成后请学生写出他们所选择的两件家具的主要用途和次要用途是什么。不需要在意他们画的是什么、描述了什么，让学生尽情发挥。

关键是让学生开动脑筋设想一下：有没有哪件本应是家具演变历程中的一环，却被遗弃的家具？比如，有一件现在已经不被使用的家具，既有长沙发的

教学小贴士

教师在准备这个活动时，可以花点时间到图书馆或者网上查找不同年代的家具信息，这会让你组织活动的时候更有灵感，也更加投入，还可以给学生举出富有创造性的事例。

特点，又有桌子的特点，最后可能演变成了长沙发或者桌子。那么这样一件家具应该叫什么名字呢？沙发桌？请学生设计并写出他们的答案或建议。如果时间允许，手边又有充足的材料，可以让学生根据自己的想象做一个模型或者1：1还原的“沙发桌”，这个想法肯定会让学生兴奋不已，这样诞生的原创的家具作品，肯定会受到收藏家的热捧。

探索地下宝藏

有一年夏天我读了一本考古学的书后，把所有的玩具都埋起来了。

考古学作为一门举足轻重的大学科，却没有成为学校的主流课程，只是这两点就足以让天才学生们为之兴奋了，再加上考古出土物品的神秘含义，更能激起孩子们的好奇心，学生们一定会喜欢上这个活动的。

首先用一个问题来引入此次活动的主题：你觉得学校的地下埋着什么东西呢？可以适当补充一些信息让思考不断升温。

最近人们在莱斯特郡[①]的一个停车场里发现了理查德三世的遗骸；又有人在多佛[②]轮渡码头发现了英国皇家海军舰艇格拉顿号的残骸。让学生想象一下，这两个地方的地下还可能埋着什么？可以将讨论延伸到学生的脚下、家里、或

① 莱斯特郡（Leicester），英国英格兰中部郡名。

② 多佛（Dover），英国东南部的港口。

教学小贴士

每次活动前，教师都应做好准备，提前补充相关知识。并不是建议老师们都成为全能专家，只要你的知识储备足够应对学生提出的基本问题，并能引导学生提升自信就足够了，如果教师自己都不觉得这个活动有趣，又怎么引导学生呢?

进阶练习

垃圾填埋场的垃圾处理是一个很值得学生们探索的问题，请学生回答：除了垃圾，还有什么应该被埋在地下?

者他们居住的村庄、镇子的地下，乃至蜚声世界的名胜古迹的下面可能埋着什么？为了更加深入地讨论，教师可以让学生讲讲自己推理的依据。

地道也是考古学里一个有趣的分支，给学生布置一个任务：寻找距离学校最近的地道，然后在假期或周末的时候组织学生集体参观，当然也可以考虑参观某个考古遗址。这个活动非常有意义，强烈推荐！

乐观的鸭子

让孩子们忘记烦恼的最好方法就是让他照顾一只小兔子。

研究动物的生活习性是对学生的一项挑战，也是对他们道德品质的检验，还可以引导学生找到最恰当的学习方式。

伦敦大学的科学家们在肯特的一家动物收容所里做了一项研究，了解动物从忽视和伤害中恢复的速度和过程。他们的其中一项实验是将用作奖励的食物藏起来，测试山羊所表现的乐观和悲观情绪。

假设学生们可以得到300英镑的研究基金来证明鸭子生来就是乐观的，他们会如何开展研究？

教师的任务就是介绍活动的内容，鼓励学生讨论和倾听，静静观察讨论的动向。在做总结的时候，让每个小组的学生反思：他们意识到自己对于研究方法上有哪些不懂的地方？

教学小贴士

作为教师，要尝试接受学生不同的想法和建议，不要觉得学生的想法都是愚蠢和轻率的，这样会导致有的学生为了避免被否定，而选择用玩笑的口吻来表达自己的观点。其实开放性的问题更能勾起天才学生的兴趣，但对教师来说理解开放性的答案比用一个标准答案来衡量对错要难得多，然而标准答案会抹杀孩子的创造力，优秀的教师要做到会提问、提好问，这样才能不断激发和锻炼学生的思维。

还可以将讨论进一步延伸，让学生思考：证明植物具有乐观和悲观等人类拥有的情感是否是一个有趣的课题?

我们来自何方

我认为所有事物的存在都是奇迹。

天才学生喜欢庞大而复杂的想法，教师可以向他们展示下列复杂的概念，通过让学生梳理错综复杂的关系来锻炼他们处理复杂问题的能力。

告诉学生，他们现在可以就任何事情进行讨论，这会让学生兴奋不已。他们觉得我们生活的世界存在哪些主要问题？为什么会存在这些问题？有什么解决方法？然后看准时机，给学生们朗读《创世纪》①里摘录的一段话：

“神说，我们要照着我们的形象，按照我们的样式造人，使他们管理海里的鱼、空中的鸟、地上的牲畜和全地，并地上所爬的一切昆虫。”（创世纪1：26）

让学生思考你朗读的这段话，他们是如何理解“创世纪”的？人类是否能

① 《创世纪》（*Genesis*），《旧约圣经》首卷。

教学小贴士

当组织这种复杂的讨论时，你可能会极度紧张，这时要让自己冷静下来，因为当你认真倾听的时候，学生才愿意倾诉和表达自己，他们不会刁难你，学生提问只是为了寻求你的肯定。

够主宰万物？让学生自由讨论，在适当的时机解释“主宰”这个词的双重含义：掌握世间万物，或者服务于世间万物。如果人们把“主宰”理解为服务于万物而不是掌控万物，这个世界会有什么不同？

定制篇

Bespoke teaching

Part 3
第三部分

未雨绸缪

我设计了一部可以通往外太空的电梯。

教师可以向自己提问：天才学生们要想成为有自学能力、自我思考能力的独立学习者，需要掌握什么工具或技能？

普通的教师可能更关注学生考试得高分、按时完成作业，但是天才学生的教学绝不止如此。与其他人不同，天才学生将来要改造和建设我们生活的世界，所以身为教师要保证他们做好充足的应战准备：

- 培养天才学生相信自己的想法。
- 帮助他们建立批判性思维。
- 帮助他们探索道德品质问题。
- 鼓励他们正确运用批评性思维中的怀疑精神。
- 支持他们用批判性思维看待人类对已知世界的认识和假设，敢于提出质疑。

只有保证学生有一个安静、安心的学习环境，上述几条才能够实现。在组织天才学生的学习活动时，教师要时刻谨记他们终有独立思考的那一天，你的任务就是确保他们为未来做好充足的准备。

教学小贴士

不要忽视学生的任何一次倾诉，当他们冒出一个新想法时，往往连自己都不能完全理解自己的想法和学习需求。这时你要充当导师的角色，帮助学生理解自己的创造性思维，另外，更重要的是教师要做一个宣传者——不是所有的人都能理解天才学生的学习需求，你要向他们讲解为什么天才学生需要你的支持。

双重特殊性

我写了很多诗，但要翻译成正常的文字别人才能看懂。

“双重特殊性”是指有某些障碍的天才学生。

通常双重特殊性是指阅读障碍类的学习困难症，也可能包括某种身体缺陷。如果“双重特殊性”的学生没有被及时诊断，不仅天赋得不到适当的开发，他们的特殊需求也无法得到满足。如果双重特殊性的天才学生没有被辨识出来，他们的表现和普通孩子一样，不会有什么突出点。

自身缺憾对天才学生学习上的影响是非常复杂的。听觉障碍会减慢孩子在听从教师口令、参与讨论等相关学习过程中的反应速度；而有言语或语言处理困难的学生很难积累丰富的词汇以表达他们缜密的思维。

当你发现某些孩子的表现和你的预期有巨大差距的时候，不要轻视他们，可以翻看学校保存的病例或其他信息，建议家长带孩子做相应的诊断，并和学校的特殊教育需求协调官（SENCO）一起测试学生可能存在的学习障碍。

教学小贴士

瑕不掩瑜，不要让这些小瑕疵掩盖学生的光芒，首先把学生当成一个有独立人格的人，来判断他们特殊的需要，并帮助他们尽可能地开发自己的能力；再通过和学生交谈、倾听他们的感受、志向和困难，与他们一起制订提升计划，找出最好的方法和资源来帮助师生共同取得成功。

注意力缺陷多动症（ADHD）

我们一向很注意他的饮食，他却从商店偷巧克力吃。

注意力缺陷多动症是指人在日常活动中表现出较严重的注意力分散或多动、冲动等行为。

患有注意力缺陷多动症的天才学生的行为特点包括比其他学生多动、多话、注意力不集中、对批评极度敏感、难以遵守规章制度等，这种种表现虽然不难被察觉，却容易被误解成学生在故意违反纪律，需要教师以极大的耐心和丰富的经验进行辨别。

教师要培养学生形成一定的学习习惯，而当这种习惯被打破时，学生就会感到困惑甚至会表现出逆反行为。为了保持这种学习氛围，可以让注意力缺陷多动症的学生坐在教师附近，在上课时间，尽量避免其他学生进入多动症学生的视线；为了避免分散注意力，不要让他们坐在靠窗的位置；同时，研究证明噪声会导致多动症学生注意力更容易分散，因此在讲解知识点和布置任务时一定要保持眼神交流，语言简洁明了。

教师应针对患有多动症的学生制订各个学科的特殊培养计划，以便各个任课教师能够理解该生的某些行为。也可以与学校的特殊教育需求协调官一同准备该培养计划并发到每位任课教师手中。

教学小贴士

在多动症学生完成学习任务时，不要考察他们投入的情况，而要检测他们对知识的掌握。在许多注意力缺陷多动症的案例中，节食是一个比较明显的征兆。教师应向家长及监护人了解学生的饮食情况是否反映出多动症加重的迹象。

学习障碍

我喜欢不断开始新的事物，多刺激啊。

培养有学习障碍的天才学生，关键一点是要驯服他们在完成每个学习任务时过于丰富的想象力和过于创造性的视角。

有学习障碍的学生往往表现出：兴趣极度广泛、词汇量大、经常不完成家庭作业、做事缺乏连贯性、不喜欢接受批评。但他们通常可以精准地发现问题，并用自己出色的抽象逻辑能力来解决问题。了解这些特点后，不妨让学生回答这个问题：我们怎么处理从来不完成家庭作业的人呢?

患有学习障碍的天才学生通常在数学、科学、艺术、音乐等方面表现出众，因为他们拥有高度发达的空间概念和良好的视觉记忆能力。这类学生通常对本书中介绍的趣味性、破解复杂体系类的活动比较感兴趣，教师还可以根据这类学生的特长发掘他们适合的职业，引导学生了解和探索富有挑战性的、有难度的职业，以此激发他们内在的动力，去完成日程的学习任务。

教学小贴士

为了更好地训练有学习障碍的学生，教师应布置连贯性的学习任务，来帮助他们克服自身的弱点。拼图就是一项需要有始有终的活动，既有趣味性，又需要学生坚持到底。不妨试试给学生布置拼图作业，也许会对他们有所帮助。

创意
25

听觉障碍

说话声音再大我也听不到。

听觉障碍类学习困难症需要由特殊领域的专家进行诊断，教师不要独自行动，一定要寻求外界的帮助和支持。

许多有听觉障碍的天才学生都表现出幽默感、较强的推理能力、巧妙的解决问题的能力以及广泛的兴趣，他们通常较其他孩子更早地学会阅读并拥有很强的记忆力，往往不需要太多解释就能明白人们表达的意思，在社交中也不会存在太多障碍。教师通常可以从两个不同的角度来看待听觉障碍学生的教育，一个是医学模型，另一个是社会模型。

在医学模型中，听觉障碍被视为一种疾病，需要加以治疗；而社会模型认为听觉障碍属于一个少数而特殊的语言群体。

教师可以向下列专家或机构寻求帮助：

- 咨询在进行听觉实验的听力学专家，他们会帮忙测试学生的听力，以寻找适当的治疗措施。
- 言语及语言临床医师。
- 特殊教育学校或自由职业的聋人教师。
- 有专门技能的社工。

教学小贴士

当然，实现这些构想的前提是学校要有这样一个氛围：对学生一视同仁，以及不受个人判断影响的高度的专业精神。下列网站可以让教师对听觉障碍天才学生有个初步了解：http://www.bbc.co.uk/cbeebies/grownups/article/issues-aecing-deaf-children。

肢体障碍

我开始学着不去钻牛角尖了。

有肢体障碍的天才学生往往容易自我否定和过于追求完美。

有一种观点认为，有肢体障碍的天才学生对自己生活的世界怀有强烈的好奇心。因此可以让这类孩子做如下思考，有一句话叫："好奇害死猫。"怎么能救救这只好奇的小猫呢？这样不仅能提起他们的兴趣，也可以引发他们对自己某些冒险行为的反思。

天才学生往往能发展一些补充自己不足的技能，他们非常善于解决问题，表现积极而且富有幽默感。而有肢体障碍的天才学生不仅做事积极主动，并且在学习某项技能或知识时表现出更大的耐心，能够持之以恒。

有肢体障碍的天才学生可能会在抽

象概念上有所欠缺，这就需要你和其他教师给予额外的帮助。只要他们理解了某个概念就能够迅速地抓住关键点并且触类旁通。

教学小贴士

有肢体障碍的学生喜欢给自己设立过高的目标，当自己不能实现目标时，自信心和自尊将受到重创。这时教师要引导学生正确地看待成功和失败，完美的结局就是最好的吗？从而带动一次有趣的讨论。如果想了解更多关于肢体障碍天才学生的完美主义情节，可以参考创意29：完美主义。

视力障碍

我的眼睛看不见，并不代表我的心也看不见。

视力有障碍的学生往往有很强的适应性、幽默感、自律品质以及做事的决心，有些方面甚至远远超出你的水平，因此不妨虚心向他们学习。

有视力障碍的天才学生贵在坚持，善始善终，并能最终取得成功，他们通常会表现出下列典型特征：

- 超强的记忆力。
- 丰富的词汇量和良好的语言沟通技巧。
- 持之以恒。
- 快速学习的能力。

有视觉障碍的天才学生凭借超凡的记忆力，能够迅速地学习和掌握知识，同时，除了善于解决问题外，他们还具备高效的沟通能力，并且词汇量远远超过同龄人。也许在某些创造性思维领域，他们的理解能力可能较其他人缓慢，但有视觉障碍的学生能够克服困难并且坚持到最后。一般来说，有视觉障碍的天才学生能够迅速地掌握布莱叶盲文。

此外，有视觉障碍的学生通常更加积极地想要认识和了解不同的学科及领域的专业知识和技能。尽管由于视力的问题，他们在认知发展上比其他孩子慢一些，但由于他们的注意力更加集中，因此效率反而比其他孩子高。

教学小贴士

教师最好向相关的专门机构咨询如何了解和支持有视觉障碍的学生，例如访问英国皇家盲人协会(RNIB)，这是一个帮助盲人和半盲人群的慈善机构，网站是www.rnib.org.uk/.Learn。如果想了解如何阅读布莱叶盲文，请访问www.wikihow.com/Read-Braille。

提速班

我的朋友都知道我喜欢挑战，因为他们了解我。

当某个学生的课程学习进度远远超过同龄人时，可以让学生进入提速班。

如果天才学生的学习速度超过其他人，课程难度和进度对他们失去挑战性时，他们就会感到枯燥，从而产生厌学情绪。这时让学生进入提速班能够有效地保持他们学习的热情和速度。当然提速班只适合小部分天赋极高的学生，否则只会给学生施加压力。如果教师没有仔细评估学生的个性、身体、社交和情感发育情况就让学生加入提速班，很容易出现问题。天才学生不是一个模子刻出来的，他们彼此的性情和学习需求各不相同，在进入提速班后教师也要仔细观察他们的情况，给予适当的支持。

基本上所有学科都可以设立提速班，

但数学提速班的效果是最显著的。当然，前提是大家认可进入提速班并和年长的孩子一起学习带来的益处，不是以对学生的身心受伤为代价换来的。

然而问题是，作为天才学生的教师和导师，你怎样保证跳级的学生和同龄人正常相处？这个问题可以进一步参考创意42。

教学小贴士

只有征得家长、教师和学生本人的同意，学生才可以进入提速班。研究显示只有制定好完备的计划，才能充分发挥提速班的价值。

创意
29

完美主义

她为了写作业熬了一个通宵，可还是觉得不够完美。

对天才学生来说，完美主义是指给自己设定了一个根本不可能实现的目标和预期。

教师一定要帮助有完美主义倾向的天才学生认识到：完美并不是一个理想状态，因为付出和回报不成正比。并不是所有的事都要求达到完美，事事力争完美其实是在做无用功，反而会使效率降低。

讽刺的是，这种完美主义的萌芽其实源自他们幼年时被灌输的思想，即他们的成绩决定了人们对他的评价。这时，他们的自尊已经不能由自己控制，而要依靠老师和家长的认可。

完美主义往往会引发焦虑和恐惧，比如害怕犯错或被否定，因为在某些僵化的规范里，得到肯定才被视为成功，这就导致学生对失败产生畏惧。天才学生本身就是十分特殊的群体，要化解他们的完美主义情结更是难上加难。当学生给自己设定一个过高的目标而又最终无法达到时，随之而来的挫败感会使他们更加否定自己，最终演变成自怨自艾、自我批评，因为他们认为是自己不够努力才会导致了失败。这样，学生会继续设定一个毫不实际的目标，继而恶性循环，导致信心一落千丈。

教学小贴士

不要期望一次性地解决学生的问题，他们用几年的时间才形成了自己的某些个性，这个过程非常复杂，绝非一朝一夕可以改变的。教师可以试着设定一些简单容易完成的任务，或者先同意学生设定的目标，但是只要求他达到80%，当然这80%也可能被他当成100%来对待，不过不要气馁，慢慢地鼓励学生去设定一些可以带来成就感的目标。

后进生

当发现她喜欢科幻小说时，我终于找到突破口了。

后进生是一层伪装色，束缚着学生不能积极地表现并达到目标。

后进可能是由学校、家庭、心灵等问题，或者学生自身的经历所造成的。教师在采取行动前，首先要和学生、家长以及他的医生沟通，以排除可能存在的问题，并给予适当的激励，来帮助排解学生的压力、自卑和郁闷等情绪。

如果出现下列较严重情况，则需教师采取相应措施：

- 学生没有达到你设定的预期。
- 学生没有发挥自己的潜力。
- 学生表现出自卑，不相信自己有天赋。具体表现为不参与讨论，甚至更极端地会出现身体上的自残。
- 后进是学生校园生活中的病态元素。

- 下列因素可以帮助你辨别此类学生：指责他人、推卸责任、欺负弱小、不善于交际、不积极参加活动、没有组织性，喜欢只说不做的任务。

教师要时刻谨记，不论后进学生是否是天才，只要给他提供一个安心的学习环境，加以适当激励，他一定会有出色的表现，只要以积极的态度来应对就可以改变他的落后状态。

教学小贴士

把学生的兴趣当作突破口，发现他们的症结所在。后进生的兴趣很可能是能够让他们独处，并可以和其他学生保持安全距离的事。不管他们的兴趣是什么，教师要设法把他们的兴趣和学习联系起来，比如学生喜欢战争游戏，那么就把它联系到军队管理心理学、军队首领的自传和策略，或者输赢的数学概率等领域。

课堂活动创意 2

Environment ideas 2

Part 4

第四部分

创意
31

全球移民

我想从事的职业还没被发明出来呢。

教师很难对天才的职业规划提出建议，有的天才学生进入大学并取得了成功，也有许多天才在创造自己未来的同时也改变了我们的生活。

世界上每个国家都缺少医护人员，而像瑞典等国家尤其缺少心理医生。

思考这样一个有趣的问题：给你一个机会去探究世界经济变化的本质，以及新的科技和服务的发展，从而创造就业机会。让学生想象一下10年、20年、50年以后什么职业是最紧缺的？这些就业机会从何而来？并解释原因。在讨论未来的职业和全球经济后，让学生思考，科技的进步是否会减少人们的就业机会？在未来的全球经济中，是否有必要为人类建立一个工作—休闲—志愿服务的新的工作模式？

可以请学生根据自己的职业规划设

计一套自己的行动计划。如果有学生认为将来地球上需要雇用经过训练的专业外太空岩石收集人员，那么为了得到这份工作，人们需要经过什么训练，并获得哪些资质呢？这个活动能够帮助学生认识到职业规划的作用。

教学小贴士

教师不需要无所不知，重要的是知道如何向学生传达一个观点并帮助他们思考，作为教师你需要引导和帮助学生形成独立思考的能力。

角色

我喜欢即兴创作，因为你永远不知道这出戏会朝着什么方向发展。

天才学生的一个特点是幽默感和语言理解力极强。这个活动能够帮助学生开发，以及创造性地发挥自己的特长。

首先让学生聊聊自己最喜欢的演出、戏剧、喜剧等，了解学生的喜好后，提出挑战：让学生挑选一部已有的戏剧进行改编，要求加入至少一个新的角色，并写出新角色对情节及其他角色的影响。

让学生自由发挥。天才学生往往有很强的幽默感，非常喜欢荒诞作品，他们也非常同情其他人的处境，因此新的角色可能是一个喜剧性的、戏剧性的，也可以二者结合。

这个任务工程浩大，短时间内无法完成，最好将其安排为一个持续几周的任务，除了完成创作外，还可以让学生朗读剧本并进行彩排。

教学小贴士

通常天才学生会喜欢各种类型的戏剧，包括剧本、演出、影视作品等。在学生创作时，教师可以担任顾问，让他们有充足的自由空间来学习和发挥创造力。

进阶练习

利用这次活动让学生竞选导演。一旦新剧本完成，请学生组成评审小组，倾听每个人对剧本的构想，再由评审小组挑选他们认为最适合的导演人选。这时就给学生出了一个难题：谁能进入评审小组呢？这就要靠学生自己去解决了。

口气问题

如果要你礼貌地告诉老师他有口臭，你会怎么说？

通过这个活动，不善社交的学生能够向善于交际的同学学习如何处理敏感问题。

教师的口臭对许多学生来说是一个很大的困扰。教师通常不会让学生公开讨论这个问题，你敢不敢呢？

教师有必要让学生学习一点社交手段，因为有时委婉地表达自己的想法，可能会事半功倍。

口臭属于常见现象，平均每四个人中就有一个人有口臭。由于职业原因，教师说话较多，又没有办法及时补充水分，使口腔中唾液分泌减少，导致细菌滋生引起口臭。

而你要让学生思考的问题是：怎样能使口气变得清新？清新的口气闻起来是什么味道？可以让学生开展一个实验，

进阶练习

让学生根据不同老师所教授的学科发明一款教师口腔喷雾，学生们可以讨论数学、法语、科学应该是什么味道，又有什么区别；接着研究概念、开发产品、实验产品、开设公司并让销售数字直线攀升！

体验不同的口气并将结果制成表格，例如，吃过薄荷或喝过樱桃可乐后是什么口气？当学生完成实验后，将其研究结果与获得专利的漱口水，或者其他清新口气的产品进行比较。

北极绿化

不管我们是否愿意，该来的总会来的。

教师在组织活动时，应强调时间观念和抓住讨论问题的核心，这样能够培养天才学生独立学习的能力。

给天才学生布置一项任务：你计划讨论北极物种的发展问题，学生有一周（或者最好挑选一个小长假）的时间做准备，给学生留出阅读和查找相关资料的时间，这样在讨论时，学生不仅可以表达自己的观点，也可以介绍他人的观点，教师不需要提前做任何准备。

有些鸟类会季节性地从低纬度向两极迁徙，寻找更开阔的栖息地筑巢。然而随着北极温度升高，它们的习性将被破坏。请学生回答，随着北极升温它们有还什么解决办法？这个办法有什么依据？

如果进一步讨论，可以让学生思考动植物应进化出哪些特点才能最好地适

教学小贴士

把握课堂时间的关键在于：监督学生的讨论进度并让学生始终围绕主题进行讨论，不仅让学生知道你在关注他们，同时也能尽早地发现问题，解决问题，避免发展成难题。

进阶练习

行星改造是一门新兴科学，NASA①制订了一个宏伟的计划，将可能适宜地球物种居住的行星改造成地球，请学生思考：如何将这些行星改造成地球？这些改造是否会引发不良后果？

应北极升温。

背景信息：科学家计算地球上有190万个物种，如果算上细菌，就是1000万。

① NASA，美国国家航空航天局。

未来里程碑

我真的不确定要不要上大学，除了欠下一屁股的债我还能得到什么？

这个活动能帮助学生思考自己的未来，以及怎样一步步规划未来。

对旅行者来说，里程碑可以帮助他们确认自己走在正确的轨道上，以及与起点和目的地的距离。对历史而言，里程碑指的是标识重大变革和进步的关键性时刻，比如特拉法加战争（1805年10月21日），或者尼尔·阿姆斯特朗及巴兹·奥尔德林登月（1969年7月20日）。

请学生思考未来的里程碑会是什么？到3000年，世界会是什么样？人类的生活状态又是怎样？从现在遥想3000年，或者当生活在3000年的人们回首今天，什么事件会被视为标志未来重大进步或转折的里程碑？

让学生每人挑选一个未来的里程碑

事件，详细编写该事件的始末。未来的里程碑事件可能会造福人类，也可能是毁灭性的，无论是什么情况，请学生思考他们将如何放大益处，减小破坏呢？

学生可以制作一个未来时间轴，并在学校范围进行展示，同时在时间轴上预留空间让其他人把想法补充进去。

教学小贴士

许多电脑游戏对人类的未来进行了构想，并且体现了一种观点：历史是可以被某些事件影响而发生改变的。如果你了解相关游戏，可以鼓励学生讨论游戏中所设想的未来；如果你不了解此类游戏，可以倾听学生的讨论，因为学生们对游戏更感兴趣，也更熟悉，这样更能调动他们的积极性。

“纳尼亚”[1]衣柜

我甚至还缝了一块白板在我的围裙上！

这是一个能够开发学生创造力和想象力的活动。

集合名词是指一群人或事物。例如，在“一群狮子”这个短语中，群就是集合名词。许多网站都介绍了集合名词的知识，如http://www.ojohaven.com/collectives/。

请学生列出一组完全不相关的名词清单，然后让他们为清单中每一个名词造一个修饰它的集合名词，比如“纳尼亚”衣柜，或者“缺乏”蜜蜂？天才学生大多喜欢文字游戏。也可以让他们按照字母从A～Z的顺序，将新编写的改良版集合名词进行排列。

教学小贴士

教师可以提前准备一个不常见的集合名词清单，并给学生创造新的集合名词提出一些创意。

进阶练习

学生可以模仿爱德华·李尔[2]，用新创作的集合名词来编一首诗，在此基础上还可以制作一批祝福卡片，或者加上精美的插画做成一本幼儿书籍，由学生来准备内容、设计外观，最终将收益捐给慈善机构，或者将诗歌编成音乐表演出来。

① 纳尼亚，是英国小说家C. S. 路易斯笔下的一片神奇大陆。

② 爱德华·李尔，英国艺术家及打油诗作家（1812—1888）。

小动作

他不看我的眼睛说明他感到无聊了。

学生需要培养自我影响的能力，通过管理和约束自己，不断提升个人及专业水平。

让学生相互做对方的诤友，指出彼此的不足，然后根据创意为自己制订提升自我影响力的进步计划。肢体语言是个人影响力的一个方面，人的肢体语言包括看对方的眼神、站立距离远近，以及彼此间如何点头问好。

可以让学生自己选择话题进行展示，并互相点评对方的表达技巧和能力；或者在一段时间的相互观察后，聚在一起讨论并评价对方的表现。

一项新的研究显示抓耳挠腮、咬嘴唇、摸脸等小动作能够帮助男性缓解紧张情绪，并能在面试中发挥出色，然而这些小动作却对女性有相反的效果。给学生一次机会学习并鉴定此项研究的例证。

教学小贴士

当老师刚开始介绍一些提升个人影响力的肢体语言时，学生会纷纷地眨眼、转移目光，或过度使用你教的技巧，不用担心，等新鲜劲儿一过学生就会恢复正常了。

我的幸运物

有的学生把自己所有的幸运物都带到考场，都没地方放考卷了，还好被我禁止了。

学习研究方法是天才学生教育的关键部分，这个活动能够锻炼他们搜集数据、分析数据并从中总结规律的能力。

学生们经常寄希望于某些幸运物或仪式能保佑自己考出好成绩并且不紧张。一项相关的调查显示，65%的学生认为自己有点迷信，而有33%的学生说当考试临近时这种倾向尤其严重。

学生的幸运物经常是五花八门的，有幸运钢笔、幸运首饰、各种绒毛玩具、幸运铅笔、幸运食物，还有祈祷仪式等。这种幸运物的说法是没有科学依据的，应对考试最好的办法就是认真复习。但我们怎么来证实这个观点呢？可以让学生开展下列研究：

- 调查学校中有考试幸运物的学生占多少比例。

教学小贴士

教师可以在这个活动中充分发挥自己的研究技巧。这个活动相对复杂，教师可以事先给学生上一次培训课，专门讲解研究技巧和分析数据的方法。

- 把不同的幸运物和仪式记录下来并分类。
- 编辑一个幸运物和仪式的目录，尽可能地包含学生收集的所有数据。
- 选择一个测试组参加同一场考试，其中一半的学生可以携带自己的幸运物，而另一半学生不可以带任何幸运物。

自我定位

如果外星人来到地球，发现人类的探索历程对他们来说不过是小儿科，就不一定想和人类交朋友了。

这个活动能够教会我们怎样在一个飞速发展、变化的世界中建立人类与其他物种的关系。

随着人类重塑身体、制造器官、通过无线网络操作电脑和机器人、拟人化设计技术发展的能力越来越强大，我们面临一个严肃的问题：人类的未来将要或应该如何发展？

从梅花鹿到美国龙虾，外来入侵物种的出现正在破坏陆地和海洋生态系统的自然规律。人类对外来物种的第一反应是看它能否食用，一旦判断了其可食用性，人类就会把其归为食物，几个外来物种就是这样成了人们餐桌上的美味，但这也同时增加了该物种的存活率。人类每年会饲养500亿只鸡，鸡这个物种得以幸存也是因为其可以食用并可以大规

教学小贴士

这个创意的另一用意在于教学生怎样与他人和平相处。教育专家建议教师不要在教学中引进自己的观点，以免误导学生。但是在这个活动中如果学生向教师提问，建议教师可以和学生分享自己的世界观以及对人类行为的看法。

模养殖的特点。

但如果当外星人来到地球后发现人类是他们的美食呢？我们怎么摆脱被人鱼肉的命运，还是干脆像饲料鸡一样利用这个特点存活下来呢？我们该如何与同类或其他物种合作来保障自己继续生存下去呢？

分解问题

我发现我很难在大脑里同时想起五个以上的橘子。

许多天才学生都需要学习如何分清做事的先后和主次。

人类大脑平均有大约1000亿个神经元，只要足够数量的脑细胞同时想到一个方案，就能够解决问题。

请学生选择一个他们希望解决的问题，提问：每个问题都可以被分解成几个小问题吗？当然可以！例如，在准备考试时，比起同时复习所有科目，集中复习其中一门，或者更细化地重点复习一门考试中的一个题型，如分数最高的作文部分，再从每个题型到每个科目，逐个锁定弱项，提出实际的应对策略。

通过头脑风暴的方式向学生解释分解问题的过程。向学生展示一幅丰富的图画，让学生观察图画后一件件地去掉

教学小贴士

要让学生记住：在头脑风暴后想出的所有点子也可以一个个被排除，这样更容易得出一个集体决策。

画面中的物品。只要哪个学生说出应该去掉某个物品，并给出合理的解释，就可以将这个物品去掉，很快画面里就只剩下几个最重要的物品了，“五”通常是一个比较好的选择。当选项少于五个时，人们能够更好地做出判断，迅速分清先后和主次。

让学生写下所有他们能想到的世界问题，整合出一个清单，然后仔细思考，按照问题的重要性，用“<”和“>”进行排序，从最后的结果可以看出学生们对世界问题的总体看法。

Part 5 第五部分

工具箱

Gifted and talented toolbox

如何导入活动

这是我第一次接到学校的来信，我以前从没收到过任何邀请。

天才学生的需求有别于主流学生群体，这种特殊性也应该在教师为天才学生准备的活动中有所体现。

所有拓展活动的核心在于：趣味性和挑战性，最重要的是触动天才学生的好奇心。重复、过时的活动只会让学生失去探索的兴趣。教师可以利用本书中的创意组织活动，让学生有机会探索新的概念或者以新的视角看待熟悉的观点。也可以将这些活动当成科学日、艺术日、职业日、企业家日等校园活动的一部分。

如果拓展活动富有创意、内容丰富，就能够指引一个个年轻的心灵在思考、社交技巧、公众展示技巧、智力方面不断进步。

无论是何种形式的拓展活动：独立活动、课堂活动或有针对性的学习活动，其成功的关键就在于灵活计划、真实呈现。和学生一起讨论，了解他们所能接受的挑战难度，从而设计出真正让学生受益的活动。

教学小贴士

在组织拓展活动时，教师首先要确保自己对活动充满热情，可以从自己的兴趣爱好、特长，或者与别人分享的某项技能中选择活动主题，这样教师才能积极地投入其中。只有当教师热情高涨时，才能感染学生，活动的意义才得以实现。

分组

我不喜欢小组活动，因为我每次光顾着给其他人分配任务，结果自己没什么可展示的了。

在活动中，教师可以根据能力、任务、主题或挑战的类型对学生进行分组，但不是所有的活动都适合分组进行。

教师经常听到天才学生抱怨分组的时候组员能力参差不齐，满足不了他们的学习要求。正如创意28中所提到的，让学生参加提速班意味着和同龄人分开，因此教师要权衡每种情况的利弊：是让学生和高年级的陌生同学一起更高效地学习，还是忍受较慢的学习进度但能享受和同龄人一起成长的乐趣呢？

在对学生分组前，回答下列三个问题可以帮助教师做出判断：

1. 你认为把天才学生分到同一组，或者把天才学生分到各个小组各有哪些优缺点？

2. 你怎样为不同的小组提供帮助？

教学小贴士

按年龄分组可能不利于天才学生的进步，因为他们对知识的理解可能远远超过同龄人。但是，提速班虽然带来了学习上的便利，却可能引发学生情绪和发育方面的问题。

3. 你怎样评估分组的效果？

在组织拓展活动时，教师可以请已经被鉴定为天才的学生邀请伙伴一起参加活动，这样不仅可以增进学生和同伴间的友谊，而且说不定在这样一个安心的学习环境中，被掩埋的金子能够散发出光芒。

锦囊妙计 ★

另外一个有趣的分组技巧是建立一个Skype①或网络社交群。让学生有机会与世界各地的小伙伴以及各领域专家人士交流。但教师要仔细确认该群体中所有人身份的真实性，因为互联网安全是学校十分关注的问题，因此学生要在教师的监护下使用网络以确保他们的安全。

① Skype，网络电话，网络语音沟通工具。

批判性思维技巧

批判性思维不是发现问题，而是找到解决问题的途径，并用超乎寻常的眼光看待问题。

批判性思维包括逻辑思维和更高层次的推理，它还包括知识与经验领域的渊源关系、创新关系等。

本杰明·布鲁姆[1]提出了智力行为的三个交叉领域：认知、心理动作和情感态度。认知领域对思维技巧是最为重要的，布鲁姆将其总结为六个层面：

- 知识
- 理解
- 应用
- 分析
- 综合
- 评价

评价信息和概念的能力、分析问题和情况的能力、整合经验和知识的能力

① 本杰明·布鲁姆（Benjamin Bloom，1913—1999）美国教育心理学家。

被视为高级思维技能。这些技能也是教师帮助学生成为独立、能够自我引导的学习者的关键部分。

布鲁姆的研究显示，考试中95%的问题只能锻炼学生最低级别的思维，而学习的核心是培养和鼓励学生高级别的思考技能，如批判性和创造性思维。天才学生具有从大量的口语和文字材料中搜集信息并使用信息的能力。

教学小贴士

为了了解天才小组内学生的情况，教师可以随机提供一组物品（如洋葱、塑料纽扣、报纸、手表等），让每个学生进行分类。具有批判性思维的学生能够通过自己独特的方法，成功地找到这些物品间的联系，并预测分类体系中的其他物品。

差别化教学法

当我试着根据学生的能力布置相应的任务时，我很快发现定期回顾每个学生的进步和学习方法的转变是非常重要的。

教师在使用差别化教学法时，一定不要忘记与学生沟通，否则对不同的学生采用不同的标准会让学生摸不着头脑。

差异化教学方法对教师来说是一种挑战，因为既要持续监测学生的表现，又要兼具灵活性，才能使教师和学生共同受益，教师可以运用以下差异化教学法：

- 分层测试。
- 在开展某一活动时，对学生的表现有不同程度的预期。
- 学术特权，如果学生对某一领域兴趣浓厚，又有机会接触到该领域的专家，教师可以与该生协商，为其量身制定学习计划。
- 提出完成任务的几种方法供学生选择。
- 运用不同的教学法，使学生能够

找到最适合自己的学习方式。

1. 性别分组法。

2. 灵活分组法。

3. 混合分组法。

别人的创意再好，但对你和你的学生来说并不一定是最行之有效的，因此无论你决定采用哪种差别化教学法，都应首先对该方法进行评估。

教学小贴士

学生们都希望好好表现赢得教师的肯定。但当评价体系有差别时，学生会因困惑而感到焦虑，使学习受到影响。因此教师在讲解规范前要做好铺垫，在介绍差别化教学规范时与学生共同协商，听取他们的意见。

高阶问题

重要的是问题，而不是答案。

高阶问题是我们就知识、教学内容、教学方法的设想进行反思。

提出并探索高阶问题是开发批判性、创造性思维的基础。一个真正有意义的问题能够引出更多的问题，这不仅能够让我们认识到自己掌握了哪些知识，更能引导我们发现未知的，甚至我们自己都没意识到的未知领域。教师要经常鼓励学生思考答案的本质，以及接受答案所带来的影响。高阶问题是对学生思维的挑战，能够将他们的智力、热情和知识发挥到极致。

下面是各类高阶问题的实例：

- 应用类问题：

我们可以从学校的星期五缺勤记录中总结出什么规律？

• 分析类问题：

我们怎么对电脑游戏进行分类？

• 综合类问题：

你从媒体所谓来自玛拉拉·尤萨法扎伊[①]的发言中解读出什么信息？

• 理解类问题：

为什么涂鸦艺术家班克斯[②]没有在画廊，而是在公共场所展示他的作品？

• 评价类问题：

过去30年中人类为维护太空站花费了1000亿欧元，如何证明这些钱没有浪费？

教学小贴士

为什么世界是彩色的？为什么人类用语言沟通？不要因仅仅找到一个看似合理的答案而满足，要考虑所有可能的选项，这样才能引出下一个问题。通过不断地提出问题、回答问题，学生能够增进对某一学科、技能或知识领域的理解。

锦囊妙计 ★

请学生假设如果在某个世界里不允许人们提问，那么这个世界将会是什么样的？

① 玛拉拉·尤萨法扎伊（1997— ），女，巴基斯坦西北部开伯尔-普赫图赫瓦省斯瓦特县明戈拉城的一名学生，以争取妇女接受教育的权利而闻名，2014年获诺贝尔和平奖。

② 班克斯（1974— ），英国涂鸦艺术家、电影导演及画家。

设计拓展活动

我把过去五年来所有的考试卷放在图书馆存档，以便拓展训练使用，但一直无人问津。

良好的拓展活动能够将挑战性和趣味性融入天才学生日常核心课程的学习中。

拓展活动的目的在于给学生提供一个丰富知识、思考如何将各个科目联系在一起的机会。如果拓展活动仅限于某一特定学科，就无法锻炼学生思考复杂的、高难度问题的能力，或善于提问的能力。

拓展活动一般要别出心裁，但在富有挑战性的同时也要保障学生的安全，既不能完全脱离学生现有的知识，又要有所补充，同时还要允许学生自由地表达和研究。

拓展活动应对学生提出如下要求：

- 思考解决问题的不同方法。
- 开发创造性和想象力。

- 运用逻辑思考和换位思考。
- 与其他人合作解决问题。
- 应对智力挑战。

教学小贴士

教师如果想要自己设计拓展活动，可以从自己的兴趣爱好出发，因为人们往往对自己感兴趣的领域比较熟悉并能掌握一定的资源。回想一下你大学时期最擅长什么？现在还可以找到相关资料作为拓展活动的基础吗？或者如果哪位教师的爱好是潜水，是否可以把这个带进拓展活动中呢？

请求帮助

要了解的东西太多了，我头都大了。

许多地区、专家和组织能够为教师提供天才学生的教学建议，一定要充分利用这些资源。

偶尔与自己信任的专业人士交流，听取对方的建议，能够令天才学生教师受益匪浅。下面列举的两个组织一直致力于帮助天才学生教师、家长，特别是天才学生本人，并在该领域积累了丰富的经验。

英国天才学生教育协会（NACE）

www.nace.co.uk

英国国家天才学生协会

www.nagcbritain.org.uk

如果教师想要进一步了解天才学生教学的专业知识，可以向普通或私人顾问寻求这方面的帮助，当然有一些是需要付费的。其实不必舍近求远，学校里就有不少可以利用的资源，许多教师在天才学生教学方面有着丰富经验和教学技巧；体育教师和音乐教师也非常擅长发现和培养天才——他们熟知鼓励、训练和培养天才学生的方法。一定要找到和你遇到同样问题的人，向他们寻求帮助。

教学小贴士

教师可以注册LinkedIn①，加入来自世界各地的天才机构的讨论组，这样可以经常接触到新的课堂活动创意、问题和讨论主题。

① Linkedln，社交网络名。

家庭作业

我通常都是到了半夜，一边喝着茶吃着面包，一边写作业。“啊，怪不得。”

如果教师能够恰当地运用家庭作业这种形式，并根据天才学生的需求合理地布置作业，这将是一个非常有趣的课外活动。

天才学生家庭作业的评分标准应该有别于其他学生，教师应该和每个天才学生沟通：他们希望采取什么样的打分标准。如果学生的家庭作业一直得高分，虽然可以反映学生的水平，但对他起不到激励作用，也不能丰富他的学习体验。

教师不要为了评分而评分，可以向学生提供额外建议，加深对作业内容的理解，例如补充阅读，扩展的书目等，也可以根据学生的实际兴趣布置额外的作业。

完成家庭作业不是简单地执行任务或检查自己对知识的理解，它既可以为学习新知识打基础，也是学生展示领导力和研究能力的平台，同时可以培养学生做公共展示的能力。

教学小贴士

教师一定要按时收作业，不要对没完成作业的学生心慈手软，否则就会失信于其他按时完成的学生，也会让时间期限成为摆设。

进阶练习

布置一些需要使用PPT、视频展示或者需要用外语、短剧等形式进行展示的作业，让所有的学生都有机会锻炼思考能力和创造力。

轻松一刻

思考也是一种娱乐。

不是所有针对天才学生的拓展和活动都需要大量的准备或资料搜寻工作。

天才学生有时也希望做一点轻松有趣的思维体操。除了复杂的思维活动外，趣味小活动也可以培养学生的创造力。下面提供了一些拓展问题的例子，可以让学生好奇的小脑袋暂时忙碌起来，让教师享受片刻的轻松。

- 如果橘子不是橘色，会是什么颜色呢？

- 举出一些不可能的事例，你会怎么完成这些不可能的事呢？

- 交通灯只有两个颜色就足够了吗？应该是哪两个颜色，为什么？

- 如果音乐是有颜色的，那么浅紫色木兰会代表什么音乐呢？

教学小贴士

将你在搜索其他科目时读到的新闻标题和文章保存在浏览器的书签中，因为一个点子可以衍生出另一个点子；学生们也会带给你新的灵感，请天才学生研究一些轻松的问题，也可以从中发现更多有趣的问题。

- 怎样将废弃轮胎变废为宝以改善环境问题呢?
- 怎样用你自己的影子赚钱?
- 如果一个人可以在地球上方飘浮三厘米，对他自己有什么益处?
- 给每一个能够收到邮件的人发一封邮件需要多少时间，怎样计算?
- 苹果为什么是现在这个大小?

教师不必自己绞尽脑汁设计、搜集所有的活动和资源，好的点子应该让所有教师一同分享!

你的规范有效吗

我讨厌学地理，除了表格就是上网搜索——什么也学不到。

教师要时常对已有的天才学生教学规范进行评估，通过借鉴其他教师的做法，并结合学生们喜闻乐见的活动，试着改进现有的规范。

教师应坚持记录天才学生每天参加的活动，以及学生对课堂内外的差别化教学活动的反馈。将这个信息与学校的天才学生进步跟踪记录数据相结合，就能够反映出学校每个天才学生的进步情况，同时也对你和其他同事改进课堂规范有所帮助。

如果学生按照你的计划一点一点地取得进步，说明你给予的支持以及你设计的规范对学生有适当的挑战，同时也能够满足学生的个性需求；如果学生的进步不明显或者没有规律，教师应首先检查自己的记录、学生的评价，以及跟踪记录，这样就能够准确地找出问题并

教学小贴士

了解学生的经历，通过对学生的观察，以及与学生、家长、主管人员、同事交谈来改变他们的经历。教师要时刻捕捉学生的反应、挑战点、兴趣点，也可以给其他学科的教师提出针对某些学生的有效创意。

进阶练习

请天才学生提出创意，评价他们所参与的拓展活动的质量及合理性。请学生在表达自己的观点时提供一个清单：一个好的活动应该包含哪些方面。这个清单将会成为你和其他同事设计拓展活动的重要依据。

且对症下药。解决的方法包括下阶段教学规范、设定目标、下阶段教师支持、资源需求，以及教师个人水平的提升。

课堂活动创意 3

Environment ideas 3

Part 6
第六部分

创意 51

养生餐具

人人都知道同样分量的食物，用小盘子盛比用大盘子盛显得多。

有时日常生活中最平常的事物或想法往往可以成为课堂活动的出发点，甚至影响学生的职业选择，例如对人类工程学、人类学、心理学、设计、食品科技和医药等领域的研究。

众所周知叉子诞生于18世纪，而餐具的出现并不是偶然，人类饮食的类型、频率、社交的需求不断变化，为了满足这种需求，餐具应运而生。西方国家通常使用刀、叉、勺作为餐具。现代餐具的发明和变化的一个例子就是“叉子勺”，是叉子和勺子的结合，而“勺子刀”、“刀叉子”和“刀叉勺”也是将不同的餐具结合在一起而产生的。

让学生讨论人类饮食习惯的变化，以及这种变化对餐具可能产生的影响，同时设计一款能够对人的食物和饮食方式产生影响的餐具，用来推行健康的生活方式。例如，可以提高用餐舒适度的勺子，或者当食物对你的健康不利时可以变色的叉子。一旦学生把握住核心思想——重新设计餐具能够改善用餐者的健康状况，就能够充分发挥他们的想象力。为了更好地表达他们的想法，教师可以鼓励学生将自己的设计画出来。

教师可以试着邀请某些设计和技术的专业人员帮忙把学生的设计做成实物。与其他教师或参与人员合作，特别在是此类活动上的合作，能够使教师的职业生涯取得长足的进步。

教学小贴士

教具不一定要非常专业或昂贵，事实上任何物品都可以成为锻炼学生思维能力的工具。教师可以从自己教授的课程入手，准备一个笔记本，在备课或回顾核心课程计划及概念时，随手记下新的点子。

大博弈

在我看来这个世界总是硝烟不断。

高能学生往往非常关注时事，让学生认识当今世界的复杂性，不仅可以培养他们的高级思维技巧，也能够锻炼他们提问时切中要害的能力。

“大博弈”这个名词最初是由英国东印度公司孟加拉第六轻骑兵部队的情报官亚瑟·康诺利（1807—1842）提出的，因被英国小说家鲁德亚德·吉卜林[①]在他的小说《基姆》中引用后，而变得广为人知。这部小说描述了从1813年俄罗斯-波斯条约（Russo-Persian Treaty）到1907年的盎格鲁-俄罗斯条约（Anglo-Russian Convention），英国和俄罗斯王朝为了争夺中亚的控制权而展开的战略竞

① 吉卜林，英国小说家、诗人，生于印度。主要作品有诗集《营房谣》、《七海》，小说集《生命的阻力》和动物故事《丛林之书》等。1907年作品《基姆》获诺贝尔文学奖。

争。至今这个词仍用来指世界上大型权力集团和宗教集团寻求地缘政治影响的行为。

从世界各地的报纸上摘录一系列新闻让学生通读，随后请学生谈谈他们对世界主要国家之间的关系有什么看法，从这个讨论继续引申，请学生关注电视节目、广播、网络新闻，总结出不同国家，以及国家间的行为模式。

在进行第二次讨论时，继续探讨当今世界哪些国家是真正的大国，以及21世纪“大博弈”是如何展开的。

教学小贴士

在组织该活动的前一周，教师应留出时间阅读报纸及国际事件的报道。知己知彼方能百战不殆！

进阶练习

如果某个或某几个学生对该领域感兴趣，教师可以建议他们深入调查亚瑟·康诺利的生平和他生活的年代，这可以帮助他们理解当时的大国关系，以及当今国际事件的历史背景。

创意53

太空鹦鹉

我最喜欢这儿的一点就是每晚都能看到我的小兔子。

天才学生喜欢超自然方面的讨论，因此教师可以用人类和动物之间的关系作为人类社交和心理需求讨论的切入点。

马克·吐温有一句名言："我对人类了解得越多，就越喜欢狗。"无论在现实生活还是在小说里，人类和宠物间都有很深并举足轻重的感情。例如，文学作品中海盗通常和鹦鹉联系在一起，而现实生活中，作家比阿特丽克斯·波特[1]确实养了一只彼得兔。学生们可能也养了宠物，因此教师可以从学生对自己宠物的感情引入话题，然后让学生发散思维，设想未来的宇航员、外太空探索者和行星居民最适合养什么宠物？

① 比阿特丽克斯·波特（1866—1943），英国维多利亚时代女作家，代表作为《彼得兔》系列童话。

学生也可以就问题本身发起提问：为什么人们要在太空中养宠物，甚至人类为什么要养宠物?

下列信息可能有助于你展开讨论：

- 宠物可以帮助主人缓解压力和孤独感。
- 狗等宠物可以增加主人锻炼身体和户外运动的机会，同时增加了和其他狗主人见面和社交的机会，从而丰富了主人的生活。
- 观看鱼缸里鱼儿游泳有镇静的效果，可以降血压。养猫或养狗能够降血压。
- 宠物可以改善主人易怒的毛病。

教学小贴士

在组织活动前，教师要确认该组学生中没有人失去过爱宠。大多数孩子在宠物去世的时候都会非常伤心，对天才学生来说尤其如此，有的学生甚至会因此留下心理阴影。

进阶练习

如果禁止人类饲养任何宠物，学生会有什么看法? 如果要在世界范围内禁止宠物将会对经济、环境问题产生什么影响? 怎样施行这项禁令?

未来人际距离学

创意
54

我讨厌考试的时候老师站在我身后。

身体感官是如何反应人与人之间的关系的？参与这类讨论会使学生非常受益。

人际距离学是一门研究文化、行为、社会等方面对人际间空间距离的影响的科学。试着通过下列练习导入人际距离学的话题，并组织学生参与讨论。

握手。让学生面对面握手，你会发现他们站立的距离通常约一米，如果彼此较熟悉距离会近一些，彼此陌生距离则远一点。如果他们与对方的距离比平常更近或更远能说明什么问题？他们如何解释这一行为，以及选择站立距离的原因？

后退。让学生两人一组，找到一个自己觉得舒服的距离相对而立。然后让其中一个学生向对方走过去，会发生什么？为什么大多数人会不自觉地向后退？怎样利用这个知识来应对别人的欺负或者帮助人们缓解焦虑的情绪呢？

让学生思考：

- 大型考试的桌椅摆放形式，除了防止作弊外，还有什么作用？
- 随着世界人口的增长，在未来25年里，现在普遍被人们接受的人际距离行为会发生改变吗？学生如何来证明自己的观点？

教学小贴士

教师在尝试该活动前，可以观察周围人每天的行为举止，如果一个人喜欢对方，他站立的时候会距离对方多远，而如果他讨厌对方呢？人们在图书馆这类公共场所会如何选择座位，选择什么样的座位？你喜欢别人站得离你多远？

开始和结束

如果你理解了问题的中间部分，剩下的就简单了。

当天才学生长大后，他们中许多人的全职工作或是在工作内容的一部分将是担任管理者。不要指望从学校的课程中学习管理技巧，因为这不是教学的重点，但通过这个活动学生能够锻炼解决问题和结果管理的能力。

每一秒都有一些事情开始，又有一些事情结束，而有时一件事情的结束往往是另一个事情的开始。在管理学中，开头和结尾中间的部分才是真正的难点。

请学生写出任意一些事情的开始和一些结局，可以是真实的，也可以是虚构的，或者是完全随机的事件，如“今天我卖了一大罐山楂果冻”“上帝保佑，我终于梦想成真，当上了海洋学院的校长”或“今天世界上最后一枚核武器被摧毁了”。然后让学生给每个开始和结尾配对。接下来就到了有趣的提问部分了：要想从某个开始实现相应的结果要经历什么过程？

接下来，让学生反思他们可以总结出哪些解决问题或完成结果的规律。这些规律对所有的问题都适用吗？是否可以建立一套规范或方法帮助管理者都百发百中地完成任务？

教学小贴士

不断增加结果的难度和挑战性，一点点地激发学生思考的斗志。认真对待学生提出的每个建议，包括他们开玩笑时表达出来的观点，例如，给每位市民发放夜光护膝，可以很容易和“没有孩子因饮用污染水而死亡”这样的结果组合在一起。

锦囊妙计 ★

请学生讨论选出人类面临的五大问题，例如化学武器、老龄化增长、学生死亡率等，然后讨论如何根据之前讨论中总结的方法解决这些问题呢?

创意
56

最后的文字

一个人写作时所选择的词汇比他写作的内容更能传递他的思想。

文字可以表达人的情感和心理状态。通过对这些思想和情感细节的观察，人们可以对更复杂的文字有更深层次的理解，也可以为学生思考自身情感和心理提供资源。

请学生研究在极端情况下去世的人们留下的遗书，从遗书中我们能分析出作者当时是什么样的思想状态？让学生评判，在恶劣的情况下给爱人写信时，是否需要撒谎，这种谎言是否可以接受或是否恰当？讲述和描述外部世界以及人的内心世界时，是否能做到一直真实、准确呢？

可以用下面的这个例子引入遗书这个主题，1912年3月斯科特船长[①]最后一次在南极扎营，他在临死前写下一封遗

① 罗伯特·斯科特（1868—1912），英国海军军官和极地探险家。

书："最后，希望你能保障我妻子和孩子的生活，我即将抛下他们离开这个世界，但国家不会丢下他们。"据资料记载这位探险者死于1912年3月29日。

请学生思考如果将来人类实现了心灵感应技术，他们会写下什么样的遗书？能够读懂其他人的思维将带来什么问题和担忧？

教学小贴士

这个假设类的活动是在科学研究和兴趣的范围内进行，教师可以给提供一些遗书的复印件供学生阅读和讨论。第一次世界大战时对信件有严密的审查机制，在这期间许多信件是用密码或暗语书写的，把这些信件作为该活动的实例，肯定能引起一番有趣的讨论。

进阶练习

可以用齐纳卡片（卡尔·齐纳于20世纪30年代发明的侦测超感知觉和超感觉力的卡片）进行心灵感应试验。这个例子可以很好地锻炼学生的研究能力和自学能力，让学生研究并自行制作一幅齐纳卡片，并参照普适的科研方法进行心灵感应试验。

创意
57

太空旅行者的航行日志

科幻小说里描写的科学知识实在是太离谱了！

让学生将旅行文体、科幻小说、幻想的风格融合在一篇文章里绝对是对他们文学功底的考验，特别是必须保证内容中引用的科学知识正确无误。

早期的旅行作家及异域探险者如理查德·哈克卢伊特[1]（1552—1616）、弗雷娅·玛德琳·斯塔克[2]（1893—1993），以及科林·萨布伦[3]（1939— ），他们的作品让人们得以体验世界另一头的文明。

这个活动既为学生提供了发挥想象力的空间，同时又要求他们在真实的参数范围内进行创造。让学生把自己想象成一名科学家、旅行作家或探险者。刚刚收到《今日火星科学》的邀请，创造

---

① 理查德·哈克卢伊特，文艺复兴时期欧洲航海家和探险家。

② 弗雷娅·玛德琳·斯塔克，女，英国著名旅行家。

③ 科林·萨布伦，英国游记作家。

一篇500字的文章，文章的主题是“穿越火星鲁尔谷”。以下信息能够为文章的写作和研究起个好头。

从返回地球的图片显示，火星的鲁尔谷地区呈河流结构，人们假设这个结构是水在火星表面流动时形成的。河流的力量足以在普罗米修斯·特拉高地上切出一个蜿蜒、陡峭的海峡，然后汇入希腊盆地。

教学小贴士

学校科学部的同事中肯定有人对180万年前火星地理形成的历史十分了解，你可以邀请他在活动当天担任天才小组的顾问，同时为了让学生文章中的科学事实完全正确，也可以邀请这位同事来评价学生的旅行故事。

锦囊妙计 ★

请学生想象穿越普罗米修斯·特拉高地和河流需要乘坐什么样的船？然后设计并制作这艘船的模型。接着请学生写一篇游记，详细描述旅途中的所见、所闻、所感，以及这一路上其他的特别经历。

创意 58

乔叟早餐吃什么

校长，我坚持按照合同里的要求吃早餐。

设计一个每周突袭挑战，在每周最后一次小组见面时让学生进行讨论。最后让学生自己设计挑战内容。

每周进行一次突袭挑战能够保持学生的学习劲头，鼓励学生对知识充满好奇、善于提问，并培养他们的研究技巧。下面是一些突袭挑战的活动创意：

- 乔叟早餐吃什么呢？在《坎特伯雷故事集》的“序言”中，乔叟[1]写道：“春天到了，人们盼望着去朝圣，因为冬天结束了，一切将重获新生。”天越来越亮，越来越暖，食物的种类和数量更加丰富。但是“序言”中并没有告诉我们乔叟早餐都吃些什么，给学生一周时间

① 乔叟（1342—1400），英国文学之父，被公认为中世纪最伟大的英国诗人，著作包括《坎特伯雷故事集》。

找出答案。

- 为什么西方人习惯从左到右阅读？给学生一周时间做准备，向其他组展示自己的研究成果。

- 如果蜜蜂从世界上消失会带来什么经济影响？为当地的园艺社团写一篇文章。

- 授予爵位时发的奖牌是谁制造的？还可以扩展到：制作奖牌的成本是多少？怎样用更低的价格制造出奖牌？

- 在苏格兰，哪个村庄、城镇、城市的名字最短？

教学小贴士

天才学生不需要冗长的课程，教师也不需要花时间仔细推敲其他同事为天才学生设计的有针对性的学习计划，学生只要在每周的特定时间去教师办公室取挑战试卷就可以。

锦囊妙计 ★

请学生自己设计每周突袭挑战。问题可以是搞笑的、严肃的、挑战的、浅显的，重点是要出其不意，并能激励其他同学思考。

创意59

庆祝生命

作为人类，我们更注重人本。

许多天才学生的共性是强烈的同情心和他人意识，这个活动给学生提供了一个讨论失去和死亡的机会。

教师一定要谨慎对待这一活动。有的学生可能近期或曾经经历过失去的痛苦，也或者他们的朋友正饱受病痛的折磨，同时教师必须小心不要触及学生失去亲人甚至宠物的经历。在活动前的讨论环节，仔细了解各个小组的情况，判断哪些话题对学生来说比较敏感，确保每个学生都能接受这个活动。如有不确定性因素，可以另找时间组织该活动。

在过去婚礼上使用的五彩纸屑是绝对不可以在葬礼上使用的，但是随着人口老龄化加快，人们对死亡和葬礼的态度也在转变，例如，棺材也可以做成五颜六色或者各种形状的，而且人们现在把葬礼视为对死者一生的纪念，并且通过举办一个欢快的葬礼给悼念者留下一个积极、快乐的回忆；虽然宗教葬礼的形式仍然比较传统、循规蹈矩，但在民间人们可以举办各种各样五花八门的葬礼。

请学生谈谈他们怎样对葬礼的形式进行改革，要在尊重逝者及亲友的同时，体现出人们对死亡、葬礼、悼念观念的转变？

教学小贴士

在组织这个活动时可以邀请客座讲师，比如当地的葬礼策划师，他们也许乐于和学生分享他们的工作内容，启发学生的想法。

创意
60

地名学

对国家地方名称的研究是我研究其他无聊的事物的动力。

学习地名能够帮助学生认识一个更广阔的世界，以及事情变化的方式。天才学生喜欢思考复杂的问题。

地名学是对地区的名称、发源、意义和地质学的科学研究。通过学习地名学，学生可以了解侵略者曾侵略和占领了其他国家的哪些土地、农业殖民、工业发展、某段时间的经济情况以及民族的迁徙。

为了引出这个话题，可以先问学生知不知道学校名称的来历。当然教师要事先了解相关的信息。你的学校可能是以当地或国家的某个重要人物的名字命名，或以当地的某个区域命名，甚至可能是为了激励学生的信心和志向而命名。也可以将讨论延伸到当地的街名（比如学生们居住的街道名称），以及命名的缘由。

例如“威尔伯福斯大道、赫尔”：为什么这条大道叫威尔伯福斯和赫尔？

该活动可以当作关于地名的课堂讨论，或者作为一项主题为“地名所反映的地区历史和背景”的研究。也可以布置一项课外作业，让学生考察自己居住的地区及其他地区的名称，画一幅地图来说明地名的由来及意义。

教学小贴士

了解学校名称的由来，准备好当地地图和公报，建议学生挑选你掌握信息较多的地区进行研究，这样学生能够把握挑战的难度。

进阶练习

假设学生们被要求帮他们调查的区域的所有地方重新命名，他们会根据什么命名，为什么？

规范篇

Embedding the provision

Part 7
第七部分

教师简报

能够听到其他老师的讲课，以及学生在其他课堂上的表现令我受益匪浅——有时我都怀疑这是不是同一批学生。

的确，不是所有的学生都对上学和听课感兴趣，但如果我们能够激发天才学生的积极性，他们肯定会渴望学习、乐于学习，并能迅速掌握学习和沟通技巧。

教师在天才学生教育中的开发的技巧，以及师生共同学习的教学方法可以适用于任何教师、任何课堂。教师在组织天才学生的教学活动或介绍某个想法时应养成记录的习惯，把有效的（甚至效果不好的）方法都记录下来。恰当地运用笔记可以帮助同事提高教学水平，同时让学生也随之受益。笔记有以下两种作用：

- 教师公告栏：可以登在办公室内的白板上，或放到校园网的教师平台上。每周或每两周贴出一次天才学生教学的情况，附加一个“教师小贴士”，以及学生的评语，喜欢或不太满意课堂的哪个环节。

- 开学计划和期末总结：在开学时，向其他同事展示你这学期的教学计划；学期末时展示这些计划的进展和成果，哪些方法有效，哪些效果不好，以及如何应对效果不好的情况。

教学小贴士

保留学生对课堂的所有正式或随意地评价，以及本条创意中提到的教师简报，这些文件将见证你在天才学生教学的专业方面的进步情况。

进阶练习

可以在正式的学校教师发展项目，或在教师午餐聚会时间进行此类回顾，这样可以让你结识同样想提高自己水平的伙伴，并能得到他们对天才学生教学的支持。

用心教课和倾听

每次你出现的时候我都有点儿担心，因为你没有做笔记，也没有查资料，但不知道为什么学生就是愿意和你讲上一整天。

当教师和学生间的关系不断加深，教师才能练就倾听这项技能。

在课堂上，教师必须握有主动权，才能控制和引导课堂，并保障每个学生和整个班级的安全。在相互尊重和开放的基础上建立的主动权既有影响力又富有创造力；反之，通过管束学生来控制班级并不是赢得信任和尊重的最好方法。

倾听和反思学生的想法能够为教师提供非常有价值的信息，帮助教师了解学生对某一学科知识的掌握情况、自学能力并赢得学生的尊重和信任。教师愿意和学生一起加入开放性的讨论，也表示他愿意承担可能出现的不确定、困惑和风险因素。

一种参与学生讨论的方法就是，把

一张正面写着教学大纲的A4纸带到课堂，然后背面朝上放在桌上，给每个学生一张空白纸，让学生推测今天要讲的内容，然后再共同讨论。这种讨论能够充分展现学生的想法、对课堂的期望，以及担心，并能引出对学习本质的探讨。在课堂最后，把你的教学大纲展示给学生。当然，包括以上的活动。

教学小贴士

请一位同事过来听课，并帮忙观察和记录你没有“听到”学生说话的次数。课后分析记录的内容，找到为什么能听到有的孩子说话，却听不到另外一些孩子说话。做这种训练是需要勇气的，但也是值得的，因为你的教学水平会迅速得到提升。

进阶练习

教师可以将学生提出的教学内容建议应用到其他课堂上，或者让学生设计自己和其他天才学生要参与的活动内容。

灵光一闪

老师："谁能想出一个不可能完成的事？"

学生1："老师，用左手肘碰左手。"

老师："确实。"

学生2："不，把左手砍下来就能碰到了。"

意料之外，情理之中；预留一些灵活的时间，用来进行一些意料之外的讨论，或按照课堂计划进行时得出的意想不到的结论。

在教学和学习中某些灵光一闪的瞬间，也能帮助教师丰富天才学生学习体验。天才学生的脑子里有成百上千个创造性的、稀奇古怪的或荒诞的想法，所以在课堂上很可能会出现一些你意料不到的情况。下面的例子能够帮助你理解这个概念：

- 英语：如果英语不是最广泛使用的语言，世界会有什么不同？
- 数学：你认为概率是一个可以计算的概念，这种可能性有多大？
- 科学：你认为"运气"和"猜想"

在科技进步中扮演着什么样的角色？能否举例说明？

- 历史：有没有可能是惠灵顿和拿破仑戴的帽子影响了滑铁卢之战的结果？
- 地理：让英国重新恢复火山运动有什么积极作用？

当然，有时这种灵光一闪的机会来自学生自己的思考。

教学小贴士

当课堂中发生某些意料之外的情况时，教师要利用这些机会引导学生思考，例如，教室里的书架突然倒了，教师可以问学生：他们刚刚的经历与罗马帝国的灭亡或者兴登堡号灾难[①]是否有相似之处？

进阶练习

同样，意料之外的瞬间也能够提供学生一个了解未知的机会。请学生在一张纸上写下他们对某一学科不了解的一点，打乱纸条的顺序让学生抽签，在下一周的课上回答抽到的问题。

① 1937年5月6日，"兴登堡"号飞艇在一场灾难性事故中被大火焚毁。

怎样丰富拓展活动

现在我们画了一个可以飞的火车，那么能把它做出来吗?

教师在组织一项天才学生教学活动时，经常会引出其他相关的概念和话题，那么教师可将这些想法作为起点，开发新的拓展活动。

当学生受到某个活动的启发时，教师不妨鼓励学生发散思维。比如，从全球变暖，以及对人类和其他物种的生存和幸福进行思考，可以引导学生设计一款人造材料“皮”鞋，具有将二氧化碳转化成氧气的功能，还可以进一步思考，如果制鞋业不再使用皮革将会带来什么样的经济影响。

随着学生的思维继续发散，可以深入探索：随着皮革需求的减少，动物屠宰的数量下降，怎样测量全世界因饲养牛的数量减少而降低的气体排放量？同时牛饲料需求降低会对谷物市场有什么影响？是否存在谷物价格降低导致人类购买量增大的可能性？一个再简单不过的人造“皮”鞋的讨论，能够引出对缓解世界饥情的长期效应。

这类活动能丰富讨论的结果，对原有的活动主题进行了拓展。

教学小贴士

虽然拓展和发散学生的思维有很多好处，但一定要确保学生扎实地完成每个问题，再一步步地深入。对有的学生来说，创意就像泉水一样源源不断，他们要面对的挑战就是善始善终，将每个任务完成到底。在引导学生跳跃式思维前，一定确保学生的潜能得到了充分的发挥。

情商

他是近年来最优秀的级长，他似乎总能预知别人的想法，只要他在就不会有麻烦和争吵。

发展个人情商能够帮助天才学生注意力更加集中、缓解压力，而且最重要的是理解别人的意愿、行为和关注点。

提起情商，就很容易联想到丹尼尔·戈尔曼[①]提出的五大情商领域：认知自我情绪；妥善管理情绪；自我激励；认知他人情绪；人际关系管理。

下面列举了一些帮助学生培养情商的实用策略：

- 看电影。培养同情和自我认知。和学生讨论他们认为哪一部电影最能体

① 丹尼尔·戈尔曼，哈佛大学心理学博士，现为美国科学促进协会（AAAS）研究员，曾四度荣获美国心理协会（APA）最高荣誉奖项，20世纪80年代即获得心理学终生成就奖，并曾两次获得普利策奖提名。此外还曾任职《纽约时报》12年，负责大脑与行为科学方面的报道；他的文章散见全球各主流媒体。畅销著作有《情商》、《工作情商》等。

现情商的力量，观看这部电影，总结从电影中学到了哪些有效的沟通技巧。

- 观察人在不同场景的表现。看人们在公共图书馆等不同的环境中如何与他人交流。

- 让学生留意自己如何与其他人互动。让学生思考自己平时如何与其他人交流，然后试着更加开放地接受他人的观点和视角。

- 请学生写一部短剧，把圆润和笨拙的人际交流表演出来。

- 在和学生对剧本时，把每个任务的情商标注出来。

教学小贴士

人的行为和情感会对周围人产生影响，情商就是一个人是否能意识到这种影响。通常说话的方式比内容更重要。教师可以反思自己的情商以及与学生交流的方式，包括讲课时的站姿（例如，当你站在讲桌后的时候说的是什么内容）、讲课的音量、是否和学生有眼神交流等。

进阶练习

让学生做一个自我评估，你的弱点是什么？你怎样通过对情商认识的加深来提高个人效力？

学习的港湾

教室、走廊、操场，每个地方都应该成为天才学生学习和成长的港湾。

对于学生来说，一个良好的学习环境应该是安静的、有序的，能够保证学生提问和回答问题的权利，同时能够获得尊重和善意的建议。

在提到外部环境时，健康和安全通常是人们最关注的问题。每个人都知道要给对方以尊重。作为天才学生的教师或管理者，一个重要的职责是为学生提供一个安全的学习港湾。包括：

- 制定必要的规范。
- 规范要简单明了。
- 明确你对学生的期望和他们对你的期望。
- 奖惩要公正、公平、恰当。
- 说话做事言出必行，如有变化一定要向学生解释原因。
- 不要讽刺或贬低学生。

- 通过协商解决问题；最好避免和天才学生产生争执或矛盾。
- 认识到学生有自己的需要和担忧。
- 当教师犯错的时候要勇于承认。这样能够向学生证明，犯错没什么大不了，失败是成功之母。
- 正确的表扬方式能够让学生终身受益。

教学小贴士

请学生评价对课堂优秀表现的理解，以及安心的学习环境对他们的影响。向他们说明他们的评价能够让自己发现问题并根据个人情况找到相应的对策。

天才学生也只是孩子

“送给你。”彼得说着，交给我一张写满字的纸就跑去踢足球了。我看了一下发现是对济慈一首诗的非常详细的分析。我想：“对一个刚刚接触济慈一个小时的12岁孩子来说，已经不错了。”

如果教师引导得当，高智商的学生也会愿意遵守规定。然而无论你的学生多么聪明，都不要忘记他们经验尚浅，说不定偶尔会表现出“幼稚”的一面。放松，孩子就是孩子，不要试图改变他们的天性。

教师一定要谨记，无论你的学生多么天才，都只是个孩子，他们也会和其他学生一样喜欢玩耍，时而交给你一份出色的数学总结报告，也可能会讨论发型、电脑游戏、网球、节食或手机应用，还可能两耳不闻窗外事，潜心研究某个领域，甚至能达到教授的级别。关键问题是，天才学生和其他孩子有两个共性：第一，他们还是孩子，会遇到孩子的各种烦恼；第二，他们都喜欢玩。在教育天才学生时，记住你不是教机器学习，而是在与人打交道。

教学小贴士

教师组织的活动和挑战都应是自愿的，而不是强迫性的。如果学生把活动的形式改变了也不要气馁，不妨顺其自然，观察活动的进展，天才学生喜欢接受挑战，但也愿意偶尔享受一刻的放松。

寻找伙伴

在我的家乡对维多利亚蓝釉砖感兴趣的人少之又少，自从加入了英国制砖协会，我结识了许多朋友。

天才学生有必要和其他人交流知识，分享资源，相互支持，一同合作。

小组、结伴或网络式的分组方式不仅可以帮助教师改进课堂规范，也可以提升教师的技能和知识。当然，有待与国内外、公立、私立的大学学院、其他中学建立紧密的联系。此外，当地的公司、扶轮社①，图书馆、剧院等可以作为支持和灵感的来源。如果妥善经营，地方媒体也会愿意提供场地、发言人、巡回和参观等资源。国家和地方博物馆都想要赢得参观者的口碑，而且会对群体参

① 扶轮社，聚集世界各行业领袖与专业人士的机构。其目的是为各种事业提供人道主义的服务与倡导高道德指标，以便建立诚信可靠及和平的社会，是世界第一个成立的服务社团。它于1905年2月23日在美国芝加哥伊利诺伊创立。

观给予特殊关照。除了当地的宗教群体外，还有体育协会、志愿者团体以及警察联合会的官员能够提供相应的资源。

教学小贴士

可以与其他学校合作共享资源。无论是联合举办艺术活动或科技项目，尽可能地利用人力资源，可以让每个人发光发热，同时减轻教师的负担。让学生尽可能搜集国家或地方的兴趣团体，如象棋、戏剧、地方历史、诗歌、航海、音乐、插花、盔甲、钓鱼、古董、旅行等。选择一组团体，邀请每个团体的一位代表来分享他们对自己兴趣的看法。所有教师和学生都可以参加分享会。

资源和基金

我不关心钱的问题，只是想听听我为什么没有得到活动经费。

如果你担任天才学生的教师，组织教学活动时，接受学校给予的活动资金是合情合理的。但问题是当学校预算紧张时，怎样为自己争取资金？

首先为了体现对这笔基金的合理利用，你应该尽量展示天才教学活动对学校的意义。

在寻求经济支持时，你需要：

• 知道你为什么需要资金。

• 表现出你怎样利用这笔钱为学生、教师，更重要的是为学校造福。

• 列出实现同一个教学目标而花费更高的方法。

• 调查其他可能的资金来源，作为学校提供资金的补充。除了学校的资金和家庭教师协会（PTA）基金外，还有很多大大小小的慈善团体愿意出资支持好的创意。

教学小贴士

在申请学校的资金支持的同时，教师也可以想办法通过学校外的支持解决问题。了解学生家长的职业以及其他同事的资源，沿着人际网络顺藤摸瓜说不定会带给你意外的惊喜。记得有一次我跟学生提到教室的装修看起来不是很美观，希望学校能够重新装修。没想到接下来的一个周六一群装修师傅来到学校把所有的教室都进行了装修，原来其中一个学生的父亲是装修公司的老板，他帮学校免费装修了一次，所以这也不失为一种可能。

- 按优先顺序列出一个清单，并充分解释每项事的原由。
- 如有可能，展示你是如何充分利用以前获得的资金的。
- 展示学校的其他人如何从你的项目受益。
- 做好心理准备你获得的资金可能会比计划得少——学校会有很多紧急需要，在为自己争取的同时也要考虑其他人的需要，互相体谅，互相帮助。
- 慎重地挑选时机——奇怪的是一般在财年的末尾资金都会有所剩余——眼疾手快，先下手为强。

与家长和监护人成为朋友

参加星期六俱乐部最大的收获是能够结识新朋友，并且轻轻松松地做点事。

学校和教师要时刻了解天才学生的需求，作为家长和监护人，更应了解自己的天才儿子或女儿的需求，这样才有利于团结一切可以团结的力量。

教师不仅要把天才学生们聚集在一起，与同龄人为伴，同样应让家长和监护人加入进来。除了正常的学校报告程序和家长见面会外，还有几种方法能够让教师和家长、监护人共同合作帮助天才学生的学习。

组织家长研讨会能够让家长和监护人更好地参与其中，其内容应包含对学生思考方式和行为方式的介绍。例如，某次家长见面会上，教师让某位家长回答一个数学问题，没想到这位家长完全钻研进去了——他的女儿惊呆了，她从来没见过父亲这么认真地“学习”。

教学小贴士

当家长参与到活动中时，学生会出现不同程度的紧张或博得家长的注意的表现。教师在组织研讨会时应尽量避免此类问题的发生，提前做好计划，时刻向参与者明确活动目标。记住这不是简单的家长会，也不是为了回答政策、基金或其他学校事务的时候，而是为了让家长和监护人了解怎样更好地帮助孩子而举办的研讨会。最后一点，不要担心提问，不知道答案的就说不知道，也可以咨询在场的家长和监护人是否能够回答。

每学期一次的家长、孩子共同完成任务研讨会，将成为非常积极的课堂活动，让家长和监护人们反思过去、讨论接下来的研讨会主题。家长和监护人们通常很愿意分享自己的技能或提供一些特别而有趣的参观机会，如自来水厂、铁路信号盒、海峡渡轮（这些都是我有幸与不同的天才学生小组一起参观的地点）。

课堂活动创意 4

Environment ideas 4

Part 8
第八部分

创意
71

象鸟的蛋

抛给聪明孩子一个想法，你永远不知道会他会得出什么样的结论。

对于融小说、幻想和科学为一体的想法进行探索，能够提升学生的创造性思维。“长颈鹿鸟”等想法也许可以触动学生思考成功或不成功进化的物种的身体和生物特点。

象鸟是一种体积庞大，没有飞行能力的鸟类，曾经栖息在马达加斯加岛上，18世纪晚期在地球上灭绝。

象鸟的蛋高30cm，直径21cm，大约是普通鸡蛋的100倍，甚至比恐龙蛋还大。2013年4月，一个完整的象鸟蛋卖到了66600英镑。

通过这个活动，学生们可以想象出“长颈鹿鸟”、“刺猬鸟”、“鲸鸟”或者其他假想的混种鸟类的尺寸、外形、功能和个性特征。让学生列出这些假想的鸟类清单，分析其是否可能存在，包括怎么飞行？需要多大的、什么类型的翅膀？怎样繁殖？最适宜什么样的栖息地？是否有天敌？如何保护自己？

这个活动的一个规范是：这种鸟类的所有特点都要基于现有的物理和科学知识，这样可以避免一些关于魔法类的想象。

教学小贴士

给学生提供一些美术材料，以便在纸上思考，给予充足的思考时间，并可以根据学生的选择做出一个模型。这个活动能够激发出未来的科学家、航空设计师、动物学家、创作作家和学者的萌芽。

进阶练习

生长在法国约纳省Cry地区的Cry紫罗兰（Viola cryana）于1930年灭绝，其灭绝是由两大原因造成的：其生存环境被商业活动破坏；被植物猎人大量采摘。请学生设计一种植物，不会因生存环境的变化或威胁而灭绝。

无形剧场

戏剧是我的最爱。

这个活动能够让学生探索观众在剧院中扮演的角色。戏剧一般被认为是一个“他们和我们”的体验，即观众只能被动地接受一部戏剧或作品。波尔引入了一个有趣的观点，让观众和演员能够共同体验一出日常生活的戏剧。

“无形剧场”是由巴西人奥古斯都·波尔和帕纳约蒂斯·阿西马科普洛斯提出的，帕纳约蒂斯创造了“被压迫者的剧场”这个概念，他认为剧院的本质是随着社会而转变的，是人们通常意想不到的戏剧表演发生的形式。演员试图掩盖这样一个事实：这个表演其实来自观众和可能参与其中的人，鼓励观众把它看成一个真实的事件。

请学生创作一个将在学校内或周围上演的无形剧场演出，这些表演将连续在不同地点演出。让学生思考在这种情况下，谁是观众，谁是演员。

如果确定了演出地点，剧本也已经完成，不妨试着表演一次并将演出录下来，如果可以用手机将演出进行实况转播就再好不过了，这样还可以让不同地方的演员和观众同时分享，也许可以演变成一个热门的传统节目。

教学小贴士

教师不必知道这个活动将会怎样发展，只要把观点亮出来，让天才学生们自己开动脑筋思考、讨论并提出建议。这时，教师只需充当一个参谋，提供健康和安全保障，协调资源，而不需要控制细节。

锦囊妙计 ★

可以将这个点子与“快闪族”这种表现形式相结合，进行进一步思考。“快闪族”即事先不告知观众，演员表演结束后迅速混进观众中。

六道家常菜

我不确定蚯蚓能不能吃。

食物、饮食和健康与许多课程发展和拓展的许多领域息息相关，因此是非常值得探讨的话题。天才学生非常善于在学科领域间建立复杂的联系。食物可以与数学、科学、艺术、经济学、化学、社会学、英语和科技联系在一起。食物的话题能够引发居民的社会公正、可持续性、幸福等问题。

根据“晚餐吃什么俱乐部”的调查显示，绝大多数英国家庭每周都吃同样的食物——总共不超过六道菜。

1. 传统烤鸡——30%的家庭
2. 意大利肉酱面——27%的家庭
3. 小炒——12%的家庭
4. 香肠和土豆泥——12%的家庭
5. 咖喱——10%的家庭
6. 猪排——7%的家庭

有趣的是，这六道菜大概包含了参与调查的98%的家庭的所有家常菜。学生们要接受的挑战是设计和计划一个营销方案，让英国98%的家庭接受六道全新的菜谱，并且将这六道菜变成人们餐桌上必不可少的平民美味。另外，要求者六道菜分别包含下列一种食材：

- 昆虫
- 菌类
- 浮游生物
- 海藻
- 荨麻
- 海螺

教学小贴士

这是一个经典的拓展活动，题目贴近生活，而且为学生所熟知，通过对信息的有趣处理为学生提供了讨论和研究的舞台。教师可以用简单的对话方式介绍这个活动，让学生引导活动的方向，必要时，教师可以提供一些建议和想法。

即兴表演

Ipsissima verba（拉丁语）的意思是正如其言，亲口所言。

这个活动与普通的课程有很大区别，富有挑战性。完成这个挑战需要极强的创造力、知识面和高级思维能力。

在拉丁语中，“Ad libitum”的意思是“即兴的”（不受拘束）；通常缩写为“ad lib”，可以用作形容词、副词、动词或名词。作为活页乐谱中的一个提示，即兴音乐指演奏者或指挥家在演奏音乐时，不受时间限制，也不用严格遵守节拍。

由于故事具有连贯性，人们在阅读书籍和故事时，通常会按照顺序从开头读到结尾。在音乐演奏中，即兴意味着一切都可以重新组合，那么如果我们像演奏音乐一样随心所欲地阅读，会有什么不同呢？我们可以按照意愿，用文字处理器移动和重新组合单词、段落、标题，赋予文字新的意义，或许还能创造出原作者意想不到的“新书”。

试着将这个规范应用在一本已经出版的小说上。选择几个段落让学生逐个反复阅读，建议学生或快或慢，用不同速度阅读，有些部分可以齐读或齐声唱出来，有些地方则静静地唱出来或读出来，也可以用不同的语言或不同的高音来朗读。

作为当地文学节的一部分，让学生在地方图书馆表演“随心所欲”的朗读，也是一个不错的点子。

教学小贴士

这个活动相对较为复杂，教师可以花点时间介绍规范，然后看学生如何理解这个活动的目的，怎样完成任务。这样和学生一起努力，相信就不会有人被落下了。不过首先要明确没有所谓的对错，教师会根据学生的原创性以及艺术真实性来评判学生的完成情况。

锦囊妙计 ★

让所有天才学生阅读同一本书，在阅读过程中寻找有韵律的句子或段落。当阅读完毕整理出一些有韵律的素材后，可以请他们组成一个“朗读合唱队”一起演唱这些素材。

伤害感受器与疼痛

人类没有任何理由伤害动物。

天才学生通常喜欢探讨道德问题，并且对自己的观点非常执着。给学生提供一个探索道德问题的机会，同时组织一次公平的听证会，请学生所在的小组成员在讨论期间充当诤友，提出建设性的意见。

伤害感受器是哺乳动物的一种感觉神经元，以人类为例，他能够对潜在的伤害刺激做出反应，将信号传输到大脑，让人们感觉到疼痛。无论是来自外部或内部的痛感，只要是人体能感觉到痛的部位就有伤害感受器的存在，如皮肤或肌肉。

尽管许多学者认为鱼类的大脑不足以识别痛觉神经的信号，因此无法感觉到疼痛。但鱼类被证实也有痛觉接收器。请学生回答，怎样在不使鱼痛苦的情况下证实鱼有痛感。

- 介绍道德研究的概念并和学生一

起讨论。

- 提醒学生基本的研究规范和流程。
- 帮助学生确立研究问题的焦点。
- 向学生介绍并讨论学者们使用的标准研究方法。

当教师讲完这些要点后，让学生提交一个研究计划，并让学生之间相互评判。

教学小贴士

让学生在你和所有同学面前进行正式的公众展示，以鉴定他们对你所讲解的研究技巧和问题的理解程度。教师在评判学生对知识的掌握情况时，也可以招募其他学生们做你的小军师，给学生们出主意。

锦囊妙计 ★

成立一个道德小组吧！当然不必由你担任组织者，可以邀请某个对道德问题感兴趣的人：同事、学校团队的其他成员、管理者、家长，甚至可以是当地的道德学教授。

外星植物学

“你喜欢用数字和字母给事物分类，还是用名字分类？”“两者都可以。”

了解分类背后的逻辑，以及创造新的分类形式的可能性，能够锻炼学生的高级别思维能力、推理能力和逻辑能力。

植物的命名要遵循世界通用的两个国际代码体系，一个是国际植物命名法规（ICBN），另一个是国际栽培植物命名法规（ICNCP）。所有的植物名都要符合这两个国际规范。然而，这两个命名及分类体系都仅仅适用于地球上发现的植物。

对于在其他星球上发现的植物，你的学生建议使用什么命名体系？比如对于在火星上发现的一种植物，适用于哪种命名和分类方式？他们的建议有没有什么科学根据和逻辑？

如果学生共同提出一套有逻辑支撑，并适用于太阳系所有植物的命名体系，可以将创意寄给斯洛伐克布拉迪斯拉发[①]国际植物分类学会欧洲分会的秘书长。

看看学院对学生想法的评价将是非常有意义的。说不定将来在外太空和其他行星发现的未知植物，真的会以学生们建议的方法进行分类。

教学小贴士

可以将它作为科学课的拓展活动，以巩固分类体系的知识。虽然太空生命尚未出现，这个问题也并不紧迫，但也许在学生们的生命中就会成为现实。

① 布拉迪斯拉发，斯洛伐克首都。

创意
77

奇妙的音乐会

虽然我的特长很多，但在学校一直很低调。大家只以为我数学好，却不知道我真正的爱好是写歌。

与他人合作常常是困扰天才学生的难题。与天才学生相比，普通学生的思考速度、创造力、解决问题的能力，以及理解能力有限，这就容易导致天才学生产生孤独感和挫败感。本活动能够帮助天才学生认识到：尺有所短寸有所长，每个人的能力都是独一无二的，普通人也可以为改善人类的生活贡献自己的一份力量，因此理应得到相应的尊重。

请学生列出历史上某个时期的名人。取20张卡片，在每一张上写下一个人名，然后将卡片的顺序打乱，让每个学生抽出两张卡片。被抽出的两张人名卡就形成了一个绝妙的组合，比如爱因斯坦和施特菲·格拉芙[①]。接着，假设这两个天才要合作举办一场音乐会，让学生想象

① 施特菲·格拉芙，德国女子网球运动员，德国史上最优秀的女子体育人物之一，为第5位登上WTA单打排名第1的选手。

这样的组合会带来出什么样的作品，并把音乐会表演出来。

学生必须：

写下歌曲清单。这能够帮助学生确定音乐会的整体结构，以及把握音乐会的时间长短。

写下歌词和曲子。教师可以引导学生，在不过多干涉歌手和演员表演的前提下，适当的舞台导演能够为音乐会带来更好的效果。同时，为了提升音乐会的水准，学生也可以向专业人士请教舞台导演的建议。

邀请观众观看表演。教师应尽可能邀请戏剧评论家来体验学生创作的新型音乐会。

教学小贴士

因为天才学生有极强的幽默感，并且喜欢接受挑战，所以接下来教师应组织一次轻松幽默，又不乏深度的讨论。例如，爱因斯坦和施特菲·格拉芙联合举办的音乐会，可以是关于时间、宇宙或网球等任何主题的。爱因斯坦曾说过，如果他没有研究物理，一定会成为一名音乐家。

进阶练习

除了音乐外，任何一场成功的演出都离不开背后的营销，教师可鼓励学生在推特（Twitter）、脸书（Facebook）等社交网络上宣传这次音乐会，扩大知名度，引起大家的兴趣，甚至在音乐会排练阶段就成为人们热议的话题。

超级睡眠

我可以从病房拿一个枕头吗?

对成功的渴望让天才学生时时背负着巨大的压力，这时，高品质的睡眠以及调节压力的能力对他们来说尤为重要。

根据艾米·R. 沃尔夫森和玛丽·A. 卡斯卡登的研究显示，从中学到大学阶段，学生的学习成绩基本和睡眠质量成正比。由此可以看出保证充足睡眠的重要性，但问题是充足的定义是什么?

请学生在课堂上找到自己最舒服的姿势，然后给他们20分钟的自由时间，随心所欲地睡觉、发呆或冥想。也可以通过语言引导或播放舒缓的音乐来帮助学生放松。但前提是保证一个安静的环境，避免任何突然的打扰。

在冥想环节后，让学生回答自己的名字，以及自己在哪儿，提醒学生还在上课，避免睡过头。在这20分钟里，有的学生会进入深度睡眠，睡得很熟，有的会比较放松，也有的翻来覆去静不下来。

当所有人都恢复清醒后，让学生回答："刚才睡得怎么样？"从学生五花八门的答案中可以引出一些讨论，比如怎么提高睡眠质量和放松神经。

教学小贴士

教师要做好心理准备，一次课可能达不到理想的效果。对某些静不下心一直咯咯笑个不停或打扰别人的学生多些耐心，用平静的语气解释："是啊，不要理会傻笑的同学，没什么大不了的，过一会儿他们就安静了。"虽然这种活动在学校很不常见，但试了一次之后，你会发现学生们没有以前那么浮躁了，但，记住一切贵在坚持！如果有学生睡着了——教师要轻轻地叫醒他；如果有的学生在课堂上大哭，教师在安抚学生后可以私下与他们谈心。

锦囊妙计 ★

在家也可以冥想！找一个合适的时间和地点，进行10—20分钟的冥想，睡着与否并不重要，重要的是让自己冷静下来，保持一种放空的状态。

疑问感叹号

他真是迷上省略号了，脑子里除了省略号就是省略号。

微博、邮件和短信的使用为传统的标点符号赋予了新的意义。这个活动是对语言和结构的一次有趣探索。

人们对一般的标点符号及其用法都非常熟悉。对大多数学生来说，感叹号和句号都是小菜一碟。标点的使用方法是约定俗成的，既清楚明白，又能很好地表达作者的想法。

在活动开始前，请学生挑选一个自己喜欢的或认为最不可或缺的标点符号。

教师要首先向学生解释标点的新用法，即将不同的标点进行组合。例如 interbang（问叹号），作为一个非标准的标点符号，它的作用将问号和感叹号的功能进行结合。

允许学生利用键盘上的所有符号来创造一套新的标点形式。什么样的标点组合能够更好地表达作者的想法？一个句号和中括号组合“。]”是什么含义？一对冒号“：：”又是什么含义？

教学小贴士

现在人们在发短信时能够用到绝大多数的标点符号。这个活动的意义在于思考如何将现代标点应用到主流写作活动和键盘设计上。在组织活动时，教师应准备一份标点使用规范以供参考。

进阶练习

阿尔杜斯·马努蒂乌斯（1449—1515）是分号的发明者，向学生介绍他的作品，并请学生推测：是什么事情促使他发明分号的呢？

无线汽车

自从我当上教师起，我的车就成了一个移动办公室。

教师应组织天才学生参加一些有挑战的、较为复杂的活动。此活动不仅涵盖了科技问题，也包含了社会和经济问题。

韩国的某些巴士上应用了线上电子汽车技术（OLEV），即通过道路给行驶中的车辆充电。虽然安装道路充电设备会增加成本，但这种办法可以减少电动车电池重量，从而降低成本，此外这种技术最大的好处就是可以极大地减少碳的排放量。

电动车领域另一个领先课题就是汽车的无线充电技术。犹他州大学的一份报告显示，他们所试验的无线充电巴士的电传输率能够达到90%。伦敦的学者们也正在试制运用无线充电系统的概念车。

请学生们思考，可以通过道路进行

充电的非燃料电动车的应用。未来的公共交通工具会采用这种技术吗？如果应用了这个技术，会对传统汽车石化燃料的产业链带来什么经济影响？

教学小贴士

如果你觉得自己的专业知识和经验方面不足，难以组织该活动，可以请一个热心的学生来帮忙，询问周围是否有学生具备无线控制汽车方面的知识或对这个课题感兴趣，然后请求他们的帮助。

锦囊妙计 ★

请学生设计并制作一个无线充电的轿车模型。没有了传统的油罐和发动机，汽车内部的布局会发生什么变化？去掉了汽油或柴油发动机的汽车在外观上又会有怎样的不同？可以让学生讨论、绘画、设计，并亲手制作一个无线充电或无线电控制的汽车模型。

行动篇

Part 9
第九部分

Taking stock and taking control of the gifted and talented provision

天才学生协调官

我很喜欢担任学校的天才学生教学规范管理者，这份工作令我受益匪浅。

天才学生协调官的角色要求教师不仅关注教学规范的应用效果，也要时刻关注天才学生们的成功和进步，从而使其成长为自信、独立的学习者。

一名优秀的天才学生教育协调官需要：

- 从包括后进生及双重特殊性在内的所有学生中辨别高才能、有才华的学生。
- 定期记录每个学生的进步情况。
- 协调整个学校的资源为天才学生提供一个安心的学习环境，激励他们进步。
- 协调全校的天才学生管理规范。
- 为天才学生教师提供最新的信息，并给予支持。
- 如果有资金要做好预算。
- 总结适合天才学生的教学方法和有效的教学实践，同时也要成为教师的典范。

- 确保家长、监护人及天才学生间能够保持良好的沟通；充分了解天才学生的知识，以及学生、教师和学生的家庭可能遇到的挑战。

成为一名出色的天才学生协调官的关键就是定期、有效地对数据进行管理，以及良好的沟通能力。

教学小贴士

要想做好这份工作，必须拒绝拖延，记录自己所做的每一件事，这样能够帮助你进行反思并进步；另外还要保持冷静，即做事有条有理。让天才学生教学成为你的乐趣，享受和比你聪明的、喜欢小幽默的孩子们一起成长的过程。虽然这份工作需要很强的责任感和大量的付出，但也会给你带来巨大的快乐和丰厚的回报！

进阶练习

举办持续的专业发展（CPD）活动，让同事们了解天才学生每天在智力和情感上遇到的各种挑战，和他们分享教学资源、课程计划和最有效的教学策略。

创造性的职业

我想长大以后发明太空涂鸦。

一个极具创造力的天才学生如何找到适合自己的职业？

学习优秀，同时具备某一方面特长的学生通常会有清晰的职业规划和不错的就业机会。但对于极富创造力的学生来说，可选的职业范围相对较窄。

具有独特而创新的世界观的学生，通常很难进入一些他们适合的领域，如开设艺术家工作室，或发起专业创新活动。要想成为一个驻天空站的艺术家更是难于登天。富有创造力的天才学生通常可以看到普通人无法立即发现或接受的可能和联系。这些学生需要教师给予更大的耐心和理解。

教师不要过度保护或纵容他们，给天才学生提供一些见面、沟通的机会和鼓励才是对他们最大的帮助。现在很多网站或其他资源可以帮助这些天才学生们阅读材料、参与竞争、申请奖学金或获得寄宿的机会。

学生们虽然聪明，但毕竟还是孩子，有时不够冷静、极其敏感，想象力过于丰富，甚至容易变成幻想。因此他们需要你以一个成年人的经验来帮助他们成长和进步。

教学小贴士

教师对学生的想象力进行适当引导，可以让学生发现自己未来职业的方向，以及和自己个性相关的机会。通过冥想等放松的方式，学生可以加强自我认识，因为在冥想的过程中，人的意识是活跃的，此时让学生专心思考一件事就能收到不错的效果。让学生想象如果他们可以"看到"、"听到"自己的梦境会是什么样，想象梦的"感觉"、"味道"和"声音"。如果你对这个领域不熟悉，可以咨询戏剧部或特殊教育需求协调官（SENCO）来给予相应的指导。

创意
83

难得糊涂

有时犯错反而是一件好事。

这个互动意在培养学生正确的价值观，让学生明白犯错也是一种有效的学习和巩固知识的机会。

教学小贴士

要想纠正大众对错误的偏见是不现实的，要让学生们明白错误本身没有好坏之分，关键要以一种积极的态度来面对错误，还需经历一个漫长的过程。错误并不可怕，可怕的是学生因为害怕犯错而不敢尝试新的想法。

错误也是一种正常的学习途径，不仅能加深理解，还可以带来更多的学习机会。犯错只能说明需要巩固和加深对某一问题理解。如果教学和学习过程中出现很多错误，则说明教学方法有待改进。俗话说得好，失败乃成功之母。

让天才学生完成一份以前的英语或其他学科的考卷，但是这次考试有一条新的规范，即他们怎样回答都是错误的，这个活动很有趣，但也很有难度。当考试结束后，请同学们互相打分，学生竞争的本能和聪明才智会促使他们想尽办法给对方挑错。最后请学生们总结这个活动是否有趣，以及他们从中学到了什么。

态势分析法（SWOT）

我喜欢在开始的时候听到坏消息，它能帮助我更好地集中精力。

SWOT分析方法关注的是：优势、劣势、机会与威胁。教师可以用SWOT法对学校的天才学生教学规范进行分析。

首先，在“优势”这一栏里写下你认为你和学校哪些点做得好。例如，你辨别天才学生的程序是否可圈可点？参与天才学生培养的人如何看待你列举的优势？可以不定期地征询学生、家长、同事、行政人员、领导以及来访教师的意见。

在“劣势”这一栏里，严肃、诚实地写出有待改进的项目，例如，你有没有坚持记录？课堂拓展活动是否可以被学生接受？

在填写“机会”前，先回答一个简单的问题，你可以利用哪些机会来丰富学生的学习体验？如何将“优势”转变成“机会”？

教学小贴士

使用SWOT法来分析学校对天才学生教学工作支持的现状和未来，会带来至少两方面的好处：第一，帮助你认清当前形势，包括目前的成绩和将来的挑战；第二，你的分析结果能够促进学校的自我评估流程。

最后到了SWOT分析中最有趣的部分——“威胁”，例如，什么会阻碍你已经取得或即将取得的进步？目前已有的时间及财务资源将来是否会缩减？你是否会在天才学生教学上变得孤立无援？是否应与其他学校的天才学生教师合作？

好榜样

上学的时候她没少闯祸，现在却成了6家花店的老板。

教师是天才学生最好的榜样。

教师要为学生树立一个热爱学习、充满好奇、乐于接受新观点、灵活应变和自主学习的榜样。

在教师列举榜样和成功的案例时，学生常会误以为这是成功的唯一途径，而一味地模仿。为了避免学生走进误区，教师在叙述时要做好相关的背景介绍，并强调这些成功人士是如何在不同的经历中，应对挑战，解决困难，坚定决心和信心，最终取得成功。八仙过海各显神通，成功的道路是不可复制的。

要想成为学生的榜样，除了牢记上述要求外，教师还可以提供一些成功的创造性思想家、艺术家、企业家、发明家、

教学小贴士

在选择案例时，既要包括典型的成功事迹，也要涵盖那些挑战权威、非主流的、不容易被人接受的例子，让学生明白，富有创造力的成功人士虽然有某些共同点，但绝不是千篇一律的。

音乐家及建筑家的例子。这些有识之士往往有许多共同点。

作为一项长期的训练，教师还可以请天才学生来研究社会上不走寻常路，并通过新的体系、产品或想法改革现代生活的成功人士。有创造力的学生是人类的希望，作为天才学生教师要训练他们学会思考，同时给他们提供一个创造未来的机会。

为同事谋发展

要将天才学生培养成才，关键在于激发全校教师的热情。

尽可能多地与其他教师分享教学方法，以增进对天才学生教学的理解。

教师的职业发展对促进天才学生教学有两方面的意义：

- 能够增加全校对天才学生特殊需求的理解和支持；
- 能够促使其他教师更愿意与你合作开发差异化教学及拓展活动。

如果条件允许，你应在教师大会上引入天才学生教学的想法和最新情况；也可以通过不断更新办公室宣传栏上的信息，来增加其他同事对天才学生的理解。总而言之，要尽可能地为天才学生争取权益。

当你为同事提供一个本校或友好学校的培训机会时，为了增强培训的效果，

教学小贴士

不要因为参加会议而怨声载道，因为参加会议是你了解学校最新动态的最佳途径。通过参加会议，你可以了解其他人的努力方向、他们手里有什么资源、为校园的发展提出什么计划、打算组织什么样的修学旅行等。这些信息都能够使你了解如何在帮助他人实现目标的同时达成自己的愿望，尽可能地搜集情报，总会派上用场。

可以将学习总结打印出来或通过电子邮件发送给同事。根据人的记忆特点，一件事要反复强调三次才会形成永久记忆。发布培训通知时就是第一次的信息“输入”；第二次则是培训本身；第三次就是后续的巩固复习，通过这样的方式可以让同事们学习得更加轻松。

社交体验

你的经历和我一样，我是全校唯一对亚原子粒子感兴趣的人。

将天才学生聚集在一起有利于发展他们的社交能力。

无论你所在的学校以组、队、群或其他某种形式组织学生活动，将天才学生聚集在一起都是一个非常好的选择，这样可以让天才学生相互督促、挑战彼此的假设，并且可以提高个人和团队整体的表现。

组织天才学生共同参与适当的挑战能够带来意想不到的效果。任何学生，特别是天才学生，都渴望达到同龄人的标准，在与同龄人合作后，他们在独立学习时也会更加刻苦，从而实现更大的进步。

当天才学生们合作完成学习活动时，每个人都能得到挑战彼此想法、建立友

教学小贴士

担任天才学生教学协调官的一条指导“法则”，就是回答如下问题：谁能从我的行动中受益？作为一项自我提升训练，你可以挑选昨天做过的三件事，根据可能带来的结果回答：谁是受益者？是你的天才学生吗？让这两个问题成为你决策的一个重要依据，在做决定或采取行动之前，先思考“谁是受益者？”能够提醒你做事的目的和初衷。

谊、分享兴趣的机会，同时这种合作带来的满足感，是与普通学生合作难以企及的。

对某些学生来说，长期与和自己智力有较大差距的学生合作，会打消学生的积极性，从而导致厌学、焦虑等情绪，对学习有百害而无一利。

如何缓解压力

“回来”！毛毛虫在她身后喊道，“我有几句重要的话要说”。这话听起来有点意思，于是爱丽丝转身走了回来。“别发脾气嘛！”毛毛虫对她说。

刘易斯·卡罗尔《爱丽丝漫游奇境记》

不要指望顺其自然能够帮你缓解学校的天才学生管理带来的压力。

教师可以通过有序的管理缓解作为天才学生教学协调官的压力，千万不要试图做一个“大包大揽”的领导者。

1. 确保所有的教师和助理对天才学生教学有一个清楚的认识。

2. 将你所推荐某一学科的拓展材料展示给该领域的专家和机构。

3. 通过更新宣传栏及教师内部网络使同事时时了解天才学生的教学动态。

4. 找到一位愿意协助你工作的天才学生教师，无论资历深浅，经验多少，只要热爱天才学生教学工作就足够了。

教学小贴士

教师可以每周或每两周记录一次最近的教学心得，同时找时间回顾以前的心得记录，并从成功或失败的项目和活动中总结规律，是否可以找出需要解决的问题呢?

5. 确保家长对学校辨别天才学生的政策和方法足够清楚，并充分理解。

完美的教学规范

教师应给渴望知识的学生提供学习和探索的机会，不要因为学生比你聪明而担心，我从我的学生身上学到了很多。

担任天才学生教学协调官可谓痛并快乐着，在承受压力的同时也会有所收获。这个创意能够让你通过学生的反馈提升教学规范。

成为一名出色的协调官的关键是为学生制定一个清晰的学习规范，理解学生们需要的是一个尊重他们、支持他们的教师和学习伙伴。但是学生们究竟是如何认识自己的需求？他们对教学规范又有什么期待呢？

为了了解学生的想法，教师可以让天才学生填写一份调查问卷，问卷应包含以下方面：

- 天才学生课堂规范；
- 作业的布置和评分方式；
- 拓展活动的规范是否足够个性化？
- 他们认可哪些活动？（当然问卷是不记名的）

锦囊妙计 ★

请学生思考如何设计“病假”学习包，学生难免会有生病请假的时候，在身体恢复的同时也需要补充精神食粮，那么一个“复活学习包”必不可少。接下来，给学生布置一项任务，即设计一个完备的学习包，当学生需要回家休养时能够直接使用，从而节省时间。

- 不认可哪些活动？（同样不记名）
- 他们的进步是否被清楚地记录下来？他们是否参与了整个过程？
- 他们是否参与了拓展课程计划的制订？
- 他们认为全校的天才学生是否都被挑选进入天才小组？
- 教师是否给予了足够的支持？
- 对他们来说，什么是完美的教学规范？学校怎样对现有规范进行改进，以更好地服务学生、家长和监护人？

收集问卷，通过对问卷结果的分析，制订一份针对学校规范的提升计划。

如果一切可以重来

每次阅读一本书时，我总是习惯从后往前看。

天才学生对教师的要求虽然很高，但他们给你带来的收获也最大。

与天才学生一起学习可以带来两大收获：首先作为一名天才学生教师，你可以享受与一群智力超群的学生共事的乐趣，他们会打开一个全新的视野；同时你也拥有了参与创造未来的机会。

无论你是否具备天才学生教学经验，都可以思考这样一个问题：如果让你重头再来你会怎么做？其实无论从事什么职业，经常性地反思自己的工作和生活都是一个好的习惯，包括现在正在做和将要做的事都可以进行思考。当然，你不需要独自完成，和同事搭伴思考效果可能更好。

可以问自己：如果我可以重头再来，

教学小贴士

作为天才学生的教师，你有幸可以接触到最新奇的想法、创意、对旧事物的新看法，还可以和这些高智商的孩子们一起思考过去和未来，享受这个过程，相信你也可以像他们一样优秀。

还愿意做天才学生教师吗？毕竟不是所有人都喜欢天才学生教师这个职业，即使答案是否定的也要说出你真实的想法，再寻找一个新的方向。虽然看起来是一个负面的问题，但其意义是积极的。

如果可以从头开始，我一定会更加放松并享受这个过程；我会为学生准备更好的活动；也不会担心读不懂学生们深奥的作品。如果这是你的真实想法，那么你和你的学生们一定会迎来更好的发展。你具备教育一群天才学生的经验和能力，而他们又有着强烈的求知欲，简直是一个完美的组合！要是你也同样渴求知识那就更完美了。

课堂活动创意 5

Environment ideas 5

Part 10 第十部分

三个智慧的女人

我很幸运，我们想把最聪明的学生吸引到宗教教育小组。

作为情感发展、历史思考和公民身份的一部分，教师可以组织学生就性别和影响力的问题进行合理的讨论。

根据《马太福音》[①]的记载，麦琪是第一批信仰上帝的宗教人物。《圣经》中并没有提到有几位智者，因智者带来的礼物：黄金、乳香和没药，人们一般假设智者是卡斯帕、梅尔希奥和巴尔萨塔三位（马太福音 2:11），也许智者不止他们三个。

英格兰公教的一个委员会修订了最新版的英格兰公教祈祷书，其中记录了“麦琪”这个词是从波斯法庭官员所使用的名字中演变而来的，而且很可能是女性的名字。

① 《马太福音》，《圣经新约》中的一卷。

邀请学生就此事进行讨论。假设最初宗教文献所记载的拜访耶稣的三位智者是女性,会对世界产生什么样的影响?他们能想象到什么变化?我们今天会有什么样的生活方式?这个事实会对历史产生什么影响?

- 这三位女性智者的名字是什么?
- 她们是如何着装打扮的?
- 这三位女性智者会为圣婴带来什么礼物?

教学小贴士

必要时,教师可以补充一些转换性别的例子,让学生讨论,例如,第一个登上月球的是女性而不是男性等。学生们认为从把男性的角色换成女性,与把女性的角色换成男性的效果是否一样?

进阶练习

教师的性别比例也是一个很有趣的话题,请学生调查学校的男女比例,假设如果男女教师的性别比例互换会发生什么变化。或者让学生回忆自己小学教师的男女比例,从这个比例中可以得出男性、女性的职责各是什么?

《社会难题词典》

创意
92

有时我常常想，在讨论“关系”的话题时，我和学生谁更尴尬呢？

天才学生大都喜欢奇思妙想或者探索别人不曾涉猎的领域。这个活动会带来意想不到的结果，每次都能给学生带来不同的体验。

法国作家古斯塔夫·福楼拜[①]在1850年完成了《庸见词典》的大部分内容，其中福楼拜对词汇和短语的定义既幽默又讽刺。这本词典和他最后一部小说《布瓦尔与佩库歇》都是极其有趣又富有教育意义的作品，特别是《庸见词典》，不仅引人思考，也能挑战人们对于事物理所当然的认识。

这个活动难度较大，请学生以小组为单位编写一本他们觉得难以启齿的话题，从A到Z每个字母下包含24个词条。可谓任务艰巨，但学生们的付出都会是

① 古斯塔夫·福楼拜（1821—1880），法国现实主义作家。

值得的，因为编写这本词典可以探索我们社会中的挑战和难题。在研究及编纂词典的过程中，需要大量的讨论、分析、辩论和思考。

当词典完成时，将会为社会恐惧、紧张和需求等讨论提供大量的资源。

教学小贴士

天才学生看待一个问题时，往往比其他学生理解得更深，因此在天才学生小组讨论某些想法和概念时，教师不必进行过多干涉，但也要适当提醒学生在讨论难题时要注意礼貌和互相尊重。

进阶练习

教师可以组织学生继续编写第二部词典，主题可以是如何处理第一本词典中列举的难以启齿的话题。

催化剂服装

我很高兴我可以用自己的方式学习，而不用听别人告诉我该做什么。

这个活动的目的是激发学生的创造力，它可以为学生提供一个从环境角度思考、交流和制作服装的机会。

服装大致上分为三类：功能性、时尚性或功能与时尚相结合。在活动中，请学生设计并制作一件新的衣服，不仅具有一般服装的功能，还可以改善环境。

催化剂服装的概念是指把服装或纺织品的表面当作催化剂，具有净化空气或其他积极的作用。

学生可以根据气候变化、健康问题、教育水平提高或其他人类面临的重大问题对服装和纺织品的要求，灵活运用已有的技术。例如，可以在拥挤的公共交通工具上中和体味的衣服。其中用来吸收气味的中和信息素具有一定的副作用，可能不会被人们广泛接受，那么中和荷尔蒙会带来什么影响呢?

在学生讨论所有涉及的问题（材料、技术、样式、副作用）后，就可以把他们的想法设计并制作出来。进阶联系，评估他们所遇到的问题，解决所有的困难，最终制作出成衣，最后在学校举办小型时装秀，展示学生的作品。

教学小贴士

确保对参加活动的所有学生进行安全和技能培训，教会他们如何使用机器或工具。这一点非常重要，有的天才学生会忘记技术的风险，急着去加工作品，以致发生危险。

品位改变生活

创意
94

我第一次看到有人借这么多盘子。

一旦天才学生选择某一领域，如成为心理学家、外科医生，或学者工程师，他们即能完全投入工作中去，而这个活动也是为了帮助学生们寻求发展的机遇。

食物造型师为了拍出一张完美的食物照片或电影，会不断地寻找、购买，并烹饪食材，搜罗道具，做大量的清洗工作，最终将食物精美地呈现出来。此外，他们一般早上6点30就早早地起床做准备，有时忙到第二天早上6点28分才能收工。

请学生思考是否能为其他事物造型，如对学校、个人、教师、准备出售的房子或车子、健康的态度、慈善等任何事物进行包装。学生的任务是观察相关的人、服务或产品的方方面面，并要在其他人、消费者或支持者前放大它的优点。

当学生选择了自己感兴趣的领域

后，可以通过制订商业计划，将他们的设计变为现实。

最后给学生布置一项特殊的写作任务，即叙述出自己对造型的尝试过程。

教学小贴士

如果你是一位商务或经济学教师，相信你对该领域并不陌生，但如果你不熟悉商业计划，可以咨询相关的同事，或者邀请银行代表、商务顾问等为学生提供支持。

请学生说出过去100年来每十年中的最主要造型，以及从每十年的造型中能够解读出什么政治意识形态？例如，在政治活动与服装造型上是否存在什么联系？是否可以通过调查预测未来的服装趋势，以及相应的政治活动？

思想可以跑多远

为了让所有人迅速掌握某项知识，我通常会悄悄地告诉一两个人，这个词汇就自然而然地在所有人中传播开了。

这个活动的目的在于鼓励学生跟随互联网的发明者——蒂姆·伯纳斯·李的脚步，思考并开发出新的通信技术。未来的通信技术势必须要经常性地革新，给学生们提出这个问题，说不定他们能够寻找到解决办法并开创一个新的局面。

在蒂莫西·高尔斯[1]的著作《数学·极短介绍》中，他讨论了怎样运用科技和数学相结合的力量，创造出石子在睡眠划过的最长距离。如果我们想在最短时间内将信息传递给尽可能多的人，同样可以利用科技与数学结合的办法。

一个好的传播者作用不容小觑，蜜蜂在回到蜂巢后，可以在极短的时间里通过一系列的舞蹈动作向其他蜜蜂传达信息。

① 蒂莫西·高尔斯，英国数学家、数学作家。

人们可以通过电子邮件在短时间内向许多人发送消息。为了收到信息，人们需要阅读邮件并熟悉邮件写作使用的语言。电话、课本、广播、电视、报纸、海报的传播速度各不相同。

请学生思考在一个大都市（或一个国家，如果学生乐于挑战）中怎样在最短时间内，最有效地将信息传达给每一个人，并且信息不发生任何改变。学生认为不同的通信方式都有什么优势和弊端?

教学小贴士

如果教师或学生掌握了数学模型的知识，则可以实现或加速该想法。如果教师对相关知识不熟悉，则可以请专业人士对学生给予指导。

别被文字牵着走

这肯定是真的，我在网上看到的。

这个活动能够帮助培养天才学生成为有主见、懂得批判的读者。

人们通常对自己阅读的内容深信不疑，关于这一点的探讨可以从观察采访和新闻报道的视频入手，通过观察其中的肢体语言，你会发现即使是最老练的播音员也难免在镜头前流露出自己的真实感受。

文字的力量就更大了，有说服力的文字很容易让人信服。

建议学生尝试用新的技巧评估报纸、杂志或网络上的新闻，谈谈他们最终获取了什么信息？

向学生建议下列活动：

- 大声朗读来自不同媒体的类似报道，注意编辑和写作风格的区别。

- 将网上的一条新闻打印出来，放在一个不同的环境中阅读，这就避免了环境和上下文的干扰。

- 用看手势猜字的方式将一篇新闻或报道演示出来，这会使学生将注意力集中在文章最核心的部分。

在尝试从不同的角度审视新闻后，学生们得出什么感想？就此进行讨论。讨论的一部分内容可以包括：新闻是报道事实的方式，还是宣传政治观点的工具？

教学小贴士

教师们可能也会对这个话题感兴趣，建议搜集三个媒体关于同一话题的报道进行对比来展开讨论。

锦囊妙计 ★

随着学生们对新闻报道的理解加深，教师可以让学生们编写一篇纯粹的政治宣传，写作的质量能够直接反映出他们对该活动初衷的理解程度。比如，让学生为地方媒体编写一篇新闻，实则是在十一月家长择校时为学校做宣传。

逃生利器

我把所有的分数降了两级（除了数学），之后就交到了好多朋友。把分数拉回来易如反掌，交朋友就没那么容易了。

人类总结了很多吸引同类注意的方法，却很少有人提及如何避开他人的注意。这个活动能够增加学生们对于人类学问题的理解，同时能够给经常被欺负或侮辱的学生提供一些宣泄情绪的建议。

通常认为海兔、乌贼、鱿鱼、章鱼等的墨是一种防御工具，帮助他们逃脱捕食者的魔爪。但对于墨水是如何发挥作用尚不可知，例如，墨水是直接作用于捕食者的身体系统，还是会产生视觉障碍。有证据显示，使用化学物质作为防御工具的动物不仅能够逃避捕食者的进攻，还可以探测天敌的化学气味，提前逃离。

重要的是海兔、乌贼、鱿鱼、章鱼、鹦鹉鱼和幼年蜥蜴的防御方式只会起到迷惑作用，而不会对攻击者造成伤害。

让学生阅读或改编上述信息，并进

行讨论和思考：怎样利用上述化学物质和技术帮助人类躲避同类的攻击。

教学小贴士

学生们，特别是天才学生对逃生技能特别感兴趣，通过这个活动，教师可以了解这个问题对天才小组内学生的影响。巨大的情感伤害会导致完美主义、焦虑和疾病，以致影响学生的一生。以海兔为例，给学生提供一个公开讨论这个问题的机会。

食物会梦到什么

我昨晚梦见自己是一块蛋糕。

身份这个话题对于高情商的敏感学生来说是一个难题，教师可以用这个活动间接探讨这一问题。

我们经常将动物拟人化，想象它们有着同人类一样的生活方式和人际关系，我们想象动物可以说话、唱歌、跳舞、冒险、做梦。那么食物也一样吗？

请学生思考拟人化这一现象，以及它对人们看待世界的方式有什么影响。然后引出动物是否会做梦，会梦到什么，选择一两个动物进行讨论。然后自然而然地过渡到食物会梦到什么？这样问题就不显得突兀了，反而会引发更加愉快的讨论。这个活动不仅能够使学生理解人类与动物在心理及生理上的关系，还能够介绍梦境心理学和相关治疗领域。鱼肉馅饼会梦见数学吗？

据说在清醒的梦境里，做梦的人能够引导梦的发展。请学生思考他们白天是谁？梦里又是谁？他们想要梦到什么？并说明原因。

教学小贴士

使话题自由发展，如果这个活动安排在午餐后，可以提问学生午餐在做什么梦？为什么？

锦囊妙计

挑选一组最受欢迎食物的广告，如炸鱼或炸鸡，请学生思考，包装和广告上的图像是如何设计出来的？这些图形对人们挑选食物有什么影响？是什么心理或情绪原因在起作用？请学生站在一个中立的角度设计出一幅类似的图形，但前提是既要体现食物的特点，又不能带有推销色彩。

铅工业和哲学

我爸爸是一个砖匠，与其说他是一个哲学家，不如说他是一个艺术评论家。

高智商的天才学生的职业路径和方向通常是难以预测的，这个活动能够帮助学生们理解影响各行各业的社会学及政治经济学因素。

在讨论前，先向学生提问他们的志向是什么？是否已经想好了某个特定的工作或职业？为什么会选择从事这个职业？接下来，教师可以通过这个问题引出讨论：不同的职业间有没有等级之分？是什么样的等级？这个等级会让我们对社有哪些认识？

如果想更进一步地讨论，可以提问：各行各业的等级对社会是否有益？有哪些职业对从业者有利，但会对社会造成不良影响？是否所有的职业都应有一些“造福社会”的方面，才能回报我们在大学中接受的教育？

如果讨论过程中，学生得出了职业有等级之分的结论，可以继续提如下两个问题：

- 当前的教育体系如何满足较高等级的职业发展？
- 如何设计教育体系，使最适合的人才能够进入声誉最高、对社会贡献最大的职业呢？

教学小贴士

作为对学生世界观影响最大的人，教师必须谨慎地表达个人观点。相信自己，你的工作和职业选择经验远比学生丰富，尽管放心地加入学生的讨论吧！

进阶练习

请学生列举这十年来最重要的十个职业，接着围绕清单进行讨论：下一个十年中，哪个职业仍然有需求？学生们能否预测未来十年诞生的新职业？进入新生职业需要接受什么基本教育，否则就会一辈子成为无业游民。

避风港

把你，那劳瘁贫贱的流民，那向往自由呼吸，又被无情抛弃，那拥挤于彼岸悲惨哀吟，那骤雨暴风中翻覆的惊魂，全都给我，我高举灯盏伫立金门！

——爱玛·拉扎露丝[①]，雕刻在自由女神像上的铭文

这个活动旨在使学生了解：地球上有五千六百万人面临生存困境，其中半数是与他们年龄相当的孩子。同时，通过这个活动，可以开发学生的人文学科、社会科学、经济学、传媒学和管理学的高阶思考能力。由于本活动内容详细，历时较长，教师可以将其作为多课时的拓展研究课题。

地球的表面积大约是一亿九千七百万平方公里，却要养活近69亿人口。其中大部分人聚居在人口密集的沿海城市。中国上海人口为1783.6133万，大概是地球上人口密度最大的城市。

请学生思考下列来自联合国难民署（UNHCR）的数字：

① 爱玛·拉扎露丝，犹太女诗人。

- 全世界数十个国家内约有1200万流离失所的人。
- 全世界大约有1540万难民。
- 被迫在本国内迁徙而居无定所的人约有2880万。
- 46%的难民未满十八岁。
- 全世界有5620万人没有基本生活保障。

请学生思考，是否可以请各国为这5620万名流离失所的难民建造新的城市，以保障他们有一个安全、舒适的生活。那么只需要建立14个上海那么大的城市就可以让每位难民有家可归。请天才学生们思考下列问题：

- 这些城市应该坐落在哪儿？
- 应该为这些城市起什么名字？
- 怎样筹措建城资金？
- 谁来担任城市的管理者？
- 要想把概念变为现实，需要应用什么科技（建在边远地区的新城，可能需要经受极端天气的考验）？
- 新城需要哪些政治和管理机构？

教学小贴士

教师可以充分利用联合国难民署的资源，他们会每月更新来自英国及全世界的最新消息、事件和出版物。此外，联合国难民署还会公布世界范围的问题，包括《全球呼吁及全球报告》。另外，还可以从人文学科的地理学者处搜罗可用资源：地图、图片，及事例的索引资料。历史学家也可以提供或建议关于城市及城市联邦的兴起的资料。联合国难民署：http://www.unhcr.org.uk/。

锦囊妙计 ★

据说在中国的“鬼城”有超过10万套无人居住的新公寓；在东莞郊区有上百栋完全闲置的建筑，包括居民楼、商业区和体育场。请学生研究中国的“鬼城”，以及怎样变废为宝充分利用这些空城，促进中国经济，在该区域开展政治、经济和平进程的项目，同时减少中国无家可归的人数。

- 政府监管的体系是什么？例如“城市政府”或所在国家的自由贸易区？
- 谁来为新城提供保卫和健康服务？
- 城市的形式是否可取，或者应该建成其他形式的社区？

我们讨论的关键点在于世界上一些原始地区的环境问题，以及如何对这些地区的资源加以利用。新城市可能坐落在：

- 南极洲
- 撒哈拉沙漠
- 西伯利亚北部
- 格陵兰岛
- 西澳大利亚沙漠
- 加拿大西北部

当学生讨论完毕，确定了地点并回答了所有问题，请他们制作一张标注新城市位置的世界地图，同时写作一篇报告阐述选址的理由、新城市命名的逻辑或情感因素，以及其他需要为读者提供的信息。

“给教师的100个创意”系列丛书

1.《给幼儿教师的100个创意：幼儿园班级设计与管理》

作者：[英] 露西·皮特

书号：978-7-5153-3031-0　　定价：29.00元

从事幼儿教育充满挑战，要想在幼教领域卓越不凡就更加困难了！本书包含了100个易于实施的创意，从鼓励幼儿参与课堂教学到养成遵守规矩的习惯，从多彩的动手活动、角色扮演到数学、语文的逐步渗透等，可以瞬间让课堂活跃起来，同时，在班级里营造出平和有序的氛围和环境。

2.《给幼儿教师的100个创意：为幼升小做准备》

作者：[英] 克莱尔·福特

书号：978-7-5153-2913-0　　定价：29.90元

本书作者凭借20余年一线教学经验总结出来的100个创意活动，内容涵盖早期基础阅读—写作培训、社会技能发展，以及感官、知觉、思维和实践能力提升，能够帮助幼儿养成良好的学习习惯，习得必备的基本技能，从而顺利完成“幼升小”这一人生阶段的重要过渡，随时面对新挑战。

3.《给小学教师的100个创意：发展思维能力》

作者：[英] 史蒂夫·鲍凯特

书号：978-7-5153-2740-2　　定价：29.00元

本书通过一系列的技巧和课堂活动，向学生们展示了如何通过各种方法来进行思考，如“鞋盒人生”“提问三步曲”“金字塔计划”“可能这只手”“故事的思维网格”“棋盘游戏”……这些活动可以作为一堂课正式开始之前的预热教学，也可作为课程的主要内容。

4.《给中学教师的100个创意：如何激发学生的天赋和特长》

作者：[英] 约翰·西尼尔

书号：978-7-5153-3072-3　　定价：29.00元

50个实用教学策略，再加上50个课堂活动创意，帮助学生在课堂上开展头脑风暴、发散思维，在不埋没尖子生的同时，给普通学生留出更多提升空间，开展高效教学。这些活动覆盖了不同的主题、能力层次和课程领域，是培养和激励学生发挥最大潜力的必备工具书。

5.《给中学教师的100个创意：杰出的教学》

作者：[英] 罗斯·莫里森·麦吉尔

书号：978-7-5153-2792-1　　定价：29.90元

如何成为一名杰出教师？如何提高教学效果？如何快速活跃课堂气氛，让每一个学生都积极主动地参与学习，深入思考并大胆发言？答案就在书中。杰出教师罗斯·麦吉尔以轻松、富有激情的文笔，围绕课堂纪律管理、课程设计、课后作业、实时教学评估等基础教学展开。只需课前花上5分钟，就可以学会其中的一个教学方法。

6.《给中学教师的100个创意：快速改善学生课堂表现》

作者：[英] 约翰尼·扬

书号：978-7-5153-2896-6　　定价：29.00元

著名教师培训师约翰尼·扬，结合儿童心理、认知行为和专业管理策略，提供了100个简单、实用、高效的创意，帮助新教师和资深教师快速改善学生的偏差行为，活跃教学气氛，进而提升教学成效。例如，“扭转乾坤的对话”“走出糟糕的一课”“情绪控制按钮”“角色扮演训练”“应对突发事件的宝典”“消除紧张和焦虑”“看不见的不良行为”等。